KB274479

아웃런

OUTRUN

경험과 상식을 뒤집어라

아웃런

OutRun

에린 조 지음

한국경제신문

"전략 디자인 경영학이 도대체 뭐죠?"
"예술이나 패션 같은 디자인 산업에서 전략과 혁신을 연구하는 것
  인가요?"

불과 몇 년 전까지도 사람들은 내게 자주 묻곤 했다. 이런 질문에 대한 나의 가장 간결한 대답은 '크리에이티브 산업의 전략과 혁신 경영'이었다.

요즘은 예술, 패션, 디자인 등을 포함한 거의 대부분의 산업이 크리에이티브 산업이다. 우리가 매일 사용하는 소비재나 전자제품뿐 아니라 IT와 자동차, 인터넷 사업, 리테일링retailing까지

디자인과 디자인적 접근 방법을 통한 전략과 혁신은 더욱 중요해지고 있다. 더욱이 앞으로는 문화, 예술, 소비자의 미적 니즈를 기술과 융합해서 라이프스타일 브랜드로 설 수 있는 기업에게 미래가 달려 있다고 해도 과언이 아니다.

한국에서도 이젠 디자인, 경영, 기술의 융합이 많이 시도되고 있고, 애플Apple, 나이키Nike, 타깃Target, 구글Google 등 기존 방식과는 조금 다른 접근 방법으로 혁신을 주도하는 회사들이 대중들에게 많이 알려졌다. 미국의 아이데오IDEO나 프로그디자인Frog Design, 영국의 스마트디자인Smart Design 등, 전통적 MBA 바탕의 컨설팅 모델에서 벗어나 디자인적 접근 방식으로 혁신 컨설팅을 하는 회사들이 글로벌 무대에서 성공한 덕분일 수도 있다.

적어도 이제는 '디자인적 경영 전략' 이라는 분야가 어느 정도로 중요한지 크게 강조하지 않아도 되는 상황이다. 물론 요즘도 비슷한 질문을 해오는 이들이 있기는 하지만, 예전처럼 의아하다는 반응보다는 긍정과 공감의 반응이 더 많다. 게다가 질문의 방향도 조금 달라졌다.

"이를 기업 전략에 활용하려면 어찌해야 하나요?"
"어떤 기업 문화나 교육법이 도움이 될까요?"
"그런 혁신을 주도하려면 무엇이 필요하고 어떤 사람을 고용해야 하나요?"

이처럼 '무엇인가What is it?'에서 '어떻게 하는가How to do it?' 로 관심이 옮겨 간 것이다. 지금이야말로 변화의 흐름을 받아들이고 새로운 도약을 준비해야 할 때임이 분명하다.

20년 전 내가 떠나올 때의 한국과 지금의 한국은 너무나도 다르다. 멀리 떠나 있지만, 그래서 더욱 한국인의 저력과 성장이 자랑스럽다.

그러나 세계적으로 인정할 만한 우리나라의 교육 수준과 기술적 진보, 다른 우수한 인적 역량에 비해 그다지 내세울 만한 글로벌 브랜드, 특히 소비자 브랜드로 전 세계에 이름난 회사가 별로 많지 않은 현실은 조금 의아하다. 글로벌 마켓에서 이름을 날리고 있는 많은 외국 브랜드가 한국의 기술로 구축되고 있는 상황을 생각하면 더욱 그렇다. 누군가는 브랜드가 성공하려면 기술뿐 아니라 디자인과 마케팅 능력이 중요하기 때문이라고도 한다. 하지만 우리나라가 이 부분에서 크게 떨어진다고 할 만한 객관적 지표가 있는 것도 아니다.

우리나라만큼 디자이너가 많고 MBA를 많이 배출해내는 나라는 흔치 않다. 실제 내가 몸담고 있는 파슨스를 포함해서, 세계에서 손꼽히는 디자인 교육기관에서는 한국인 학생들을 많이 배출한다. 이런 훌륭한 인재의 풀pool을 가지고 있으면서도 글로벌 마켓을 이끄는 한국 소비자 브랜드가 삼성이나 LG, 현대 등 몇 손가락에 꼽힌다는 것은 조금은 이상한 일이다. 게다가 이렇게 손꼽히는 기업들의 글로벌 포지션조차 아직까지 대체로 가격 경쟁력을 바탕으로 하고 있는 상황이라는 점 또한 우려가 된다. 이런 경쟁 우위는 후발 주자가 같은 기능에 더 낮은 가격을 제시할 경우, 지속되기 어렵다. 소비자들은 브랜드를 가볍게 갈아타기 때문이다.

어쩌면 이는 한국의 급속 성장을 가능하게 한 과거 성장 전략의 그늘로도 볼 수 있다. 우리 기업들은 그간 글로벌 마켓에서 기술을 제공하는 중간생산자OEM/ODM 역할을 해왔고, 완제품으로서 소비자 브랜드의 입지를 굳혀나가는 부분에서도 기존 산업군을 벤치마킹하는 패스트 팔로워fast follower 전략을 사용해왔다. 기술력을 동원한 기존 제품의 완성도perfection와 최적화optimization를 주목표로 경쟁해왔던 것이다.

물론 그만큼 우리의 기술력은 이제 세계가 인정한다. 그러나 기술 중심의 혁신은 소비자가 각 브랜드마다 성능이 어떻게 다른지 구별할 수 없는 상황에서 경쟁력을 가지기 힘들다. 부가가치가 잘 드러나지 않는 기능과 속성을 개발하는 데 힘을 쏟아붓는 것은 자원 낭비다. 더구나 이런 발전이 오히려 소비 경험을 떨어뜨리는 경우까지도 있다. 우리가 가진 훌륭한 기술력으로 파괴력 있는 브랜드 혁신을 이루려면 '어떤 인사이트와 방향성으로 기술력을 끌어가느냐' 에 주목해야 한다. 이것이 바로 다른 관점으로 사물을 인지하고 추구하려는 노력, '디자인적 경영 전략'의 출발점이다.

그렇다면 디자인적 경영 전략이란 무엇인가? 디자인적 경영 전략은 보다 의미 있는 브랜드 혁신을 위해 디자인 마인드와 프로세스를 적용하는 방법론을 말한다. 이는 우리가 흔히 생각하는 것처럼, '디자인이 혁신 전략의 가장 중요한 요소'라거나 '디자이너가 경영 결정을 내려야 한다'는 단순한 주장이 아니다. 물론 디자인이 기업의 막강한 경쟁력의 한 요인이 될 수는 있다. 2013년 글로벌 브랜드 인지도에서도 어김없이 일등 자리를 지킨 애플의 성공에 디자인이라는 중요한 요소가 있다는 것을 부정하는 사람은 없을 것이다. 그러나 애플의 성공은 '디자인' 자체가 아니라 그 디자인을 가능하게 했던 '경영 전략' 덕으로 돌려야 한다. 전략을 수립하고 실행하는 데 전통 MBA적 접근 방법과 조금 달랐던 그 무엇, 이 책은 '그 무언가 다른 것'에 관한 이야기다.

마켓을 주도하는 글로벌 브랜드로 도약하는 데 가장 중요한 동력은 '혁신'이다. 사실 '혁신'이라는 단어는 이미 지겨울 정도로 식상한 표현이 되었는지도 모른다. 그 자체의 뜻이 '새로움'을 가리키는데도, 너무 많은 매체들이 입이 닳도록 강조해왔기 때문에 그럴 수밖에 없다. '혁신'뿐만 아니라 '브랜드', '디자인'이라는 단어도 마찬가지다. 그래서 농담처럼 되묻는다.

"세 단어를 빼면 말할 게 없는데 어쩌지?"

어쩔 수 없다. 이 책은 그것들에 대해 끊임없이 언급하고 강조할 것이다. 그건 내 의도도, 선호도 아니고 명백한 시장의 본질 때문이다. '혁신'은 제품이나 서비스가 낡았을 때 시작하는 것이 아니라, 가장 처음부터 매순간 숨 쉬듯이 함께해야 하는 것이다.

특히 혁신을 진행함에 있어 백지 상태를 두려워하지 않고 기존 고정 관념에서 벗어나 사고의 전환을 추구할 때, 진정한 '브랜드 혁신'을 이뤄낼 수 있고 다른 모든 기업들을 아웃런outrun하는 선두주자로 우뚝 설 수 있다.

혁신과 창조성이 중요하다고 주장하는 책들은 많다. 그러나 기업에서 실행할 수 있는 구체적인 접근법을 접하기는 쉽지 않다. 이 책에서는 풍부한 기업 사례들과 명확한 방법론을 가지고 이에 대해 중점적으로 논의해보려 한다. 자, 경계를 뛰어넘을 준비가 되었는가?

뉴욕에서
에린 조

의미 있는 혁신을 위한
디자인적 경영 전략

사람마다, 기업마다, 학자마다 조금씩 다른 정의를 내리지만 '브랜드brand'는 근본적으로 '차별화'와 '소비자의 가치 인식'에 연결돼 있다. 소비자가 상품의 경쟁력과 가치를 알아보고 선택할 수 있도록 유무형의 요소들(브랜드 이름, 기호, 상징, 상품 디자인, 가격, 포장, 명성, 평판, 역사 등)을 가지고 구현하는 것이다.[1] '브랜딩'의 자세한 정의에 대해서도 여러 의견이 있는데, 가장 간결하게 표현한다면 '소비자의 브랜드 인지와 인식을 관리하는 모든 기업 활동'이라 볼 수 있다. '브랜드 전략'이라는 용어를 쓰기도 한다.

브랜드 전략에서 지난 10년간 업종과 상품에 관계없이 가장 큰 화두는 '혁신innovation'이었다. 혁신적 비즈니스 모델과 상품 개발을 통해 브랜드 차별성을 높이고, 보다 긍정적이고 미래 지향적인 기업 이미지와 포지션을 만들어가기 위해 애써왔다. 또한 혁신을 통해 존재하지 않았던 새로운 시장을 개척하고 마켓 리더market leader로 자리매김하는 것을, 기업의 명성과 신뢰를 높이는 최고의 기업 브랜딩 활동으로 여기고 있다. 이제 브랜드, 더 나아가 기업의 성공과 실패는 혁신을 통해 시장에서 입지를 차지하고 넓히고 견고히 하는 작업에 달려 있다 해도 과장이 아니다.

하지만 브랜드 혁신은 아직도 특정 산업군과 기업군에서만 주로 논의되고 있다. 먼저 우리는 혁신을 통한 브랜드 전략을 대기업의 전유물로 생각하는 듯하다. 국내 포털사이트에서 '브랜드'와 '혁신'이라는 키워드로 검색을 하면 삼성, LG, 현대 등 몇몇 대기업의 혁신 노력과 사례에 관한 언론 기사나 블로그 내용이 주로 뜬다. 중소기업의 사례가 관심을 덜 받아서 그런 것인지, 실제로 혁신을 위한 노력이 미미한 것인지는 모르겠지만, 자본과 인력에 여유가 있는 기업만이 혁신의 주체가 될 수 있는 것은 아니다. 시대를 주름잡고 있는 애플, 구글, 페이스북Facebook, 그리고 이 책에서 소개할 크고 작은 사례들이 보여주듯, 혁신 브랜드는 '미래는 내 것'이라는 자세로 세상에 나서는 개인과 작은 회사의 통찰력과 비전에서 시작한다.

또한 우리는 혁신을 '신기술을 통한 속성 개발'과 '성능의 향상'이라는 관점에서 바라보는 경향이 있다. 그동안 우리는 혁신을, 기술 개발이 차별화의 구심점이 되는 산업에서 특히 중요하다고 여겨왔다. 기술 개발이 혁신과 브랜드 차별화에 매우 중요한 요소라는 데는 전혀 이의가 없다. 그러나 혁신을 '신기술 개발'이라는 개념과 동일시하는 것은 잘못이다. 혁신으로 입지를 다지고 새로운 마켓을 개발한 역대 브랜드들을 보면 반드시 최첨단 기술력을 바탕으로 한 모델도, 기술력으로 차별화를 꾀한 기업도 아니었다.

기술 개발이 브랜드 혁신을 이끄는 것이 아니라면, 혁신은 어떤 방식으로 진행돼야 하는가? 수없이 많은 뉴스와 기사에서 혁신에 대해 언급하고 있다. 그러나 정작 '혁신을 어떻게 진행해야 하는가'에 대한 체계적 방법론은 찾아보기 어렵다.

이제 자세히 이야기하겠지만, 혁신을 위해서는 기술 개발만큼이나 '경험의 의미'를 창조하는 것이 중요하다. 기술이 얼마만큼 새롭고 완성도가 높으냐보다, 혁신이 주는 경험과 의미가 얼마나 새롭고 의미 있느냐meaningful meaning에 따라 브랜드 혁신의 성공이 결정된다. 기업이 이처럼 의미 있는 브랜드 혁신을 이루기 위해 '디자인적 경영 전략'을 채택하기를 나는 제안한다.

'디자인'이라는 단어가 '기업 전략' 앞에 붙으면, 대부분 사람들은 이렇게 이해할 것이다. 기업 전략을 짜는 데 상품의 비주얼 디자인을 강조하고, 우수한 상품 디자인을 전략적인 목표로 세워 기업 구조를 만들고 의사 결정을 하는 것, 디자인을 브랜드 혁신에 접목해 차별화를 이루어내는 것, 나아가 CEO나 기업 의사 결정을 하는 사람들에게 좋은 디자인을 볼 줄 아는 능력을 심어주는 것. 물론 이 모든 것이 디자인 주도 전략을 의미하지만, 디자인적 경영 전략은 그 이상을 지칭한다.

브랜드 전략에서 상품 디자인과 디자인팀은 말할 나위 없이 중요한 부분이다. 브랜드의 의미와 개성, 독창성, 정당성을 부여하는 데 가장 큰 요소가 디자인이기 때문이다. 또한 디자인이 브랜드의 상품성을 높여줘 소비자가 선택하는 데 큰 영향을 끼치는 것도 틀림없는 사실이다. 경제적 여유와 감각이 있는 소비자일수록 조금 더 값을 주더라도 디자인이 좋은 브랜드를 선택하는 경향이 있다. 이처럼 디자인은 기업 이윤에서 가장 실질적인 부가가치가 되는 브랜딩 활동이다. 또한 디자인으로 브랜드 가치를 높이면 소비자 기반이 튼실해져, 국제 경제가 요동치더라도 기업이 불황의 영향을 덜 받게 된다.

실제로 경제가 어려워지면 많은 소비자들이 좀 더 조심스럽게 브랜드를 선택하게 된다. 오랫동안 보유할 수 있는 상품을 고르는 경향이 이때 생긴다. 살림살이는 어려워졌지만 일상에 작은 사치의 경험을 줄, 디자인이 훌륭한 브랜드를 선호하게 되는 것이다. 더욱이 기술 발달로 시장에 비슷비슷한 속성과 기능을 가진 대체재가 늘어가면서, 상품의 얼굴이 되는 디자인을 보고 선택하는 경우가 점점 더 많아지고 있다. 다시 말해 디자인은 상품에 더해지는 의미에 대해 소비자와 소통할 수 있게 하는 가장 강력한 요소다. 성공적인 혁신을 위해 고려해야 할 주요 요소인 것이다.

그런데 이 책에서 강조하려는 '디자인적 경영 전략'은 브랜딩에서 디자인이 하는 역할 그 이상의 것이다. 디자인적 전략이란, 상품의 기능과 경험의 포장만을 말하는 것이 아니다. 경영자가 경영 전략을 짜고 의사 결정을 하는 데 디자인 프로세스(디자인 결과를 낼 때의 태도와 접근 방법)를 적용해서, 보다 창의적이고 혁신적인 브랜드 전략을 세우고 실행하는 일이다. 이때 디자인 프로세스는 단순히 경영 지도자와 구성원의 사고design thinking에만 적용되지 않는다. 기업 과제와 문제 해결을 찾는 관점과 접근법, 이를 위한 기업 문화와 조직 구성까지 포괄하는 더 넓은 범위의 개념이다. 특히 이런 프로세스를 혁신에 접목하는 것이 디자인적 경영 전략을 통한 브랜드 혁신이다.

그렇다면 디자인적 경영 전략을 통한 브랜드 혁신은 구체적으로 어떻게 실행할 수 있는가? 이에 답하기 위해 5개 장으로 나누어 이야기를 진행하려 한다. 먼저 1장에서는 우리가 다시 정립해야 할 기존 혁신 프레임의 문제를 지적할 것이다. 2장에서는 디자인적 경영 전략에서 강조하는 탐구 자세와 역량에 대해 논할 것이다. 3장에서는 디자인적 경영 전략으로 혁신의 해법을 구할 때 중요한 방향성을 살펴볼 것이다. 4장에서는 혁신을 위해 개인 혹은 기업이 전략을 세울 때 필요한 아이디어 구축법을 제시할 것이다. 5장에서는 미래에 중요하게 고려해야 할 브랜드 혁신의 포지셔닝과 실행 전략을 제시할 것이다. 그리고 'Special Solution' 장을 따로 마련해 디자인적 경영 전략의 실질적이고 독자적인 방법론을 소개하려 한다.

기본 프레임을
뒤집어라

1
혁신은 양날의 검이다

메리엄 웹스터Merriam-Webster 사전에 따르면 '혁신'이란 '새로운 것을 소개하는 것the introduction of something new'이다. 국립국어원 사전에 따르면 '묵은 풍속, 관습, 조직, 방법 따위를 완전히 바꾸어서 새롭게 하는 것'이다. 이 같은 정의에 '시장'이라는 개념을 넣는다면, '전보다 더 나은 물건, 방법, 기술, 아이디어로 시장에서 새로운 가치value를 창출하고, 나아가 사회에 의미 있고 중요한 변화를 가져오는 것'이 되겠다. 여기서 "의미 있고 중요한 변화를 가져오는"이라는 대목에 주목하자. 그에 따라 세상의 모든 발명invention이나 쇄신renovation은 혁신innovation이 될

수도 있고 그에 못 미칠 수도 있다. 혁신이 창출한 새로운 가치
는 기업의 브랜드 인지도와 주도적 입지 구축에 원동력이 될
수 있다.

맥킨지앤드컴퍼니Mckinsey&Company의 컨설턴트였던 톰 피터스
Tom Peters와 로버트 워터맨Robert Waterman이 함께 쓴 《초우량 기업
의 조건In search of excellence》은 30년이 지난 지금까지 세계 비즈니
스 지형에 큰 영향력을 발휘하고 있는 책이다.[2] 이 저서에서 제
시한 8가지 기업 성공 원리 중 하나는 "주력 업종에 집중하라
Stick to the Knitting"다.[3] 곧 기업이 성공하려면 지금 환경에서 '가장
잘 해나갈 수 있는' 핵심 역량 상품을 만들고, 시스템 오류를 줄
여 상품의 질을 높이면서 시장을 넓혀나가야 한다는 내용이다.
다시 말해 상품의 질이 시장에서 위치를 결정하는 가장 중요한
요소이므로 기업은 상품의 질을 높이는 방향으로 노력해야 한다
는 것이다.

그러나 이 전략은 시장 상황이 비교적 안정적이고 이미 출시
된 대체재들의 품질 차이가 클 때를 전제로 한다. 또한 소비자
들이 그 차이를 객관적으로 알고 생각할 수 있다는 논리를 바탕
으로 한다. 쉴 새 없이 업데이트되는 대체 상품과 유사 브랜드,
지나치게 다양한 정보에 노출된 나머지 깊이 생각하는 대신 빠
르게 판단하며 싫증을 잘 내는 소비자들, 이 같은 현실에서 "주
력 업종에 집중"하는 전략은 분명히 한계가 있다.

모든 것이 불확실하고 끊임없이 바뀌는 시기에 비즈니스를 성장시키고 차별화하는 가장 강력한 무기는 혁신이다. 2013년 보스턴컨설팅그룹Boston Consulting Group이 전 세계 1,512명의 기업 핵심 중역을 상대로 한 조사에 따르면, 응답자의 76%가 혁신을 기업 전략 핵심의 세 가지 과제 중 하나로 꼽았으며, 69%가 혁신을 추구하는 데 지난해보다 투자를 늘리겠다고 답했다.[4] 또한 가장 최근에 제너럴일렉트릭General Electric, GE이 25개 나라에서 3,000명이 넘는 핵심 중역을 상대로 한 조사에 따르면, 이들의 91%가 기업이 성장하고 시장에서 성공하는 데 가장 중요한 요소로 혁신을 꼽았다.[5]

실제로 기업의 성공 정도를 파악하고 글로벌 리더십을 측정하는 척도로 기업 이윤과 매출 외에도 '기업의 혁신 실적innovation record'을 중요하게 고려하고 있다. 특히 혁신 프로젝트가 얼마나 많이 성공했는지를 가장 중요하게 본다.

소비자는 혁신 상품을 선택하기에 앞서 항상 선택의 위험을 느끼기 마련이다. 소비란 개인의 중요한 경제 자원을 투자하는 일이기 때문이다. 게다가 혁신 상품을 처음 사용하려면 익숙해지는 과정이 필요하기 때문에 시간 자원 또한 적잖이 쓰게 된다. 따라서 소비자는 하나의 혁신이 사회적으로 널리 받아들여지는 한편 그 혁신의 플랫폼이 장기간 이어진다는 믿음이 생길 때 선택할 가능성이 크다.

그러나 실제로 시장에서 상품을 선택하는 시점에 '믿음직한 정보'가 주어질 확률은 무척 낮다. 이때 판단 근거로 삼을 만한 것이 회사의 혁신 실적이다. 혁신 실적은 소비자가 시장에서 새로운 혁신을 선택할 때 도움을 주는 매우 중요한 평가 요소가 될 수 있다. 또한 기업의 명성을 결정하는 요소기도 하다. 기업들이 스스로 시도하는 혁신 프로젝트 내용들을 공개하지 않는 까닭도 여기에 있을지 모른다.

여기서 잠깐, 현실적인 부분을 짚고 갈 필요가 있겠다. 혁신의 어두운 그림자, 곧 대부분의 혁신이 시장에서 성공을 거두지 못한다는 사실 말이다. 새로운 시장을 개척하고 매출 신장과 브랜드 리더십 구축이라는 두 마리 토끼를 잡는 데 혁신은 더없이 중요한 요소지만, 안타깝게도 성공 가능성은 그리 크지 않다. 미국 특허청의 리처드 멀스비Richard Maulsby는 이렇게 말했다.

미국에서 현재 약 150만 개 특허가 발효 중인데, 그중 상업적으로 성공할 수 있는 것은 3,000개밖에 안 될 것이다.[6]

여기서 더욱 문제가 되는 것은 상업적인 가치가 있는 3,000개 혁신조차도 실제로 의미 있는 이익을 내거나 시장에서 영향력을 발휘하는 경우가 드물다는 것이다. 더불어 한때 시장에서 성공했던 혁신 브랜드가 우위를 오랜 시간 유지하지 못하는 경우도 많다. 따라서 혁신에 인적 · 시간적 · 물질적 · 재정적 자원이 적지 않게 소비된다는 것을 생각할 때, 혁신을 위한 노력은 기업에게 양날의 검이 될 수 있다는 점을 염두에 둘 필요가 있다.

혁신을 통한 브랜드 전략 방향은 크게 두 가지로 나누어볼 수 있다. 하나는 존재하지 않았던 새로운 제품이나 방법을 만들어 내거나 파격적으로 개선하는 급진적 혁신Radical or Disruptive Innovation이다. 다른 하나는 기존 제품이나 방법의 유용성, 편리함, 가격, 미학을 더 나은 쪽으로 바꾸는 점진적 혁신Incremental Innovation이다.

짐작하다시피, 성공적으로 진행되기만 한다면 급진적 혁신이 점진적 혁신보다 훨씬 더 긍정적 효과가 크다. 그러나 앞서 말했듯이 혁신에는 리스크가 따른다. 매년 시장에 나오는 새로운 아이디어와 상품들 대부분이 실패를 맛보고 사라진다. 아직 다가오지도 않은 미래를 예견하고 선도하는 급진적 혁신은 그만큼 위험성이 더 클 수밖에 없다.

반면에 점진적 혁신은 이미 어느 정도 소비자의 선택을 받은 모델들에 대해 개선을 시도하는 것으로, 혁신의 방향성과 정보 면에서 급진적 혁신보다는 안정적이고 구체적이다. 그러나 새로운 브랜드가 점진적 혁신을 통해 시장을 선도하며 자리매김하기는 쉽지 않다. 실제 많은 기업들의 혁신 사례는 주로 점진적 혁신이다. 다른 회사가 이미 시장에 상품화한 아이디어나 모델을 벤치마킹해, 소비자에게 더 쉽고 편하게 다가가도록 기능과 디자인을 개선해 성공하고자 하는 예가 그것이다.

그러나 우리 기업이 글로벌 리더로 도약하려면 점진적 혁신의 접근 방법에서 벗어날 필요가 있다. 리스크를 감수하고 새로운 시장을 개척하는 급진적 혁신을 성공시켰을 때, 브랜드 인지도 상승과 시장의 리더십 쟁취 효과가 훨씬 더 강력하기 때문이다. 이러한 급진적 혁신의 성공을 바탕으로 점진적 혁신을 반영하고 영향력을 넓혀나갈 때, 오래도록 살아남는 브랜드가 가능해진다.

2
키 프레임을 찾아라

소비자는 경험을 산다

우리는 급진적 혁신을 '급진적 기술을 통한 속성의 개발'로 생각해왔다. 이것이 제일 먼저 뒤집어야 할 기존 프레임이다. 소비자는 혁신의 '속성'을 사지 않는다. '경험'을 산다. 그리고 그 경험이 얼마나 중요한 의미를 갖는지에 따라 혁신을 선택할지 말지가 결정된다.

'기존에 없던 것을 새롭게 시도해 만들어내는 행위'를 가리키는 단어로 크게 '발명'과 '혁신'을 들 수 있다. 발명이 전에 없던 아이디어, 물건, 방법을 만들어내는 행위 자체를 뜻한다면, 혁신은 새로운 아이디어, 상품, 서비스 등 새로운 가치를 창출해내는 행위다. 여기서 새로운 가치란 새로운 기능, 생산, 소비의 이점뿐 아니라 이런 속성들이 합쳐진 총체적 경험을 포함한다. 또한 이 경험이 소비자 개개인에게 어떤 의미로 연결되는지가 결정적으로 중요하다.

먼저 우리 상황을 살펴보자. 2011년 세계 특허 보유 개수를 살펴보면 우리나라는 일본, 미국, 중국 다음으로 많다.[7] 인구 대비로 보면 사실상 가장 많은 특허를 보유한 것이다. 실제로 아이폰iPhone을 구축하는 기술의 상당 부분은 한국과 일본이 가지고 있다. 애플이 전화기를 한 대 팔 때마다 약 4.7% 수익이 한국으로 들어오는 것은 바로 이 때문이다.[8] 그러나 이 사실은 최고의 특허 보유국인 우리나라에 마땅히 내세울 만한 혁신 글로벌 브랜드 사례가 별로 없다는 반증이기도 하다.

예를 들어 2013년 〈포브스Forbes〉가 선정한 '세계에서 가장 혁신적인 기업 100' 리스트에서 우리나라 기업의 이름을 찾을 수가 없다.[9] 여기에 라쿠텐Rakuten을 비롯한 일본 기업은 11개, 바이두Baidu를 포함한 중국 기업은 5개나 올라 있다. 다행히 〈패스트컴퍼니Fast Company〉가 선정한 '세계의 가장 혁신적인 회사 50' 리스트에는 삼성이 17위를 차지했다.[10] 우리나라 기업으로는 삼성 단 한 곳뿐이다.

　물론 경제지가 선정한 리스트가 절대적 평가의 잣대는 아니다. 그러나 우리의 기술력과 교육열, 그리고 혁신에 대한 관심과 노력을 생각할 때 조금 의아한 상황임은 분명하다. 이는 크고 작은 혁신의 시도들이 마땅한 성과로 이어지지 못했다는 뜻인데, 대부분 발명 마인드로, 특히 기술적 속성 개발을 중심으로 진행돼왔기 때문이라고 볼 수 있다. 더불어 자회사 또는 다른 회사의 성공 상품을 벤치마킹한 경우가 많았기 때문이기도 하다.

　디지털 카메라를 예로 들면, 지난 상품이나 다른 브랜드 상품보다 화소가 더 높고, 속도가 더 빠르고, 크기가 더 작고, 디자인이 더 보기 좋은 쪽으로 혁신 방향을 설정해나간다. 그러나 대체할 브랜드가 많아지고 기술이 급격히 발달하는 지금에는 이렇게 '속성'으로 얻어내는 경쟁력은 생명력이 짧다. 한때는 '기존 디지털 카메라만큼 화질이 좋은 카메라가 장착됐다'는 것이 휴대폰의 경쟁력을 좌우했었다. 그러나 이런 경쟁 우위는 곧 경쟁사에게 쉽게 따라잡혔다. '속성'을 혁신 대상으로 삼아봐야 비교 우위가 그다지 크지 못했던 것이다. 소비자는 카메라의 화소가 어느 정도 올라가면 화소의 차별성을 그다지 느끼지 못한다. 그냥 모두 '화질 좋은 카메라'로 인식할 뿐이다. 이렇듯 기술이 점점 빠르게 평준화되면서, 속성을 중심으로 경쟁 우위에 서기는 더욱 어려워졌다.

　디자인과 기술은 긴밀한 관계이며 혁신의 경쟁력이다. 그러나 디자인도 중요하지 않은 의미의 방향성으로 나가면 결국 실패할 수밖에 없다. 애플 아이폰이 나오기 전, 세상 모든 휴대폰들은 크기가 작은 것이 경쟁력이었다. 삼성, LG 등 우리나라의 전자 브랜드뿐 아니라 세계에서 손꼽히는 휴대폰 메이커들은 어떻게 하면 휴대폰을 더 작게 만들어낼 수 있을지 연구하는 데 집중했다. 그리고 이 경쟁에서 객관적인 승자는 이스라엘의 '모두 MODU'였다. 이 휴대폰은 크기가 72mm×37mm×7.8mm이고, 무게가 39g밖에 나가지 않았다. 그러나 휴대폰 크기가 어느 정도 작아지면 거기서 '더' 작아지는 것은 실제로 별 의미가 없다. 더욱이 너무 작아지면 오히려 전화를 받거나 정보를 저장하는 일이 어려워진다. 실제로 기술 혁신과 뛰어난 디자인 능력에도 이 회사는 소비자에게 인정받지 못한 채 2011년 파산을 하게 된다.[11] 훌륭한 기술력, 훌륭한 디자인이 혁신의 충분조건이 아님을 보여주는 예다.

또한 경쟁이 치열해지고 비교해야 할 상품의 가짓수가 늘어나면서, 소비자는 서로 다른 상품과 브랜드를 분석하는 데 예전만큼 시간과 노력을 투자하지 않는다. 대신 기술적·문화적·기능적·미적 속성이 더해져 총체적으로 전달되는 '상품 경험'을 비교해 브랜드를 고른다. 그리고 그 경험이 주는 개인적 의미에 따라 브랜드 충성도가 결정된다. 그러므로 다음을 명심해야 한다.

브랜드 혁신은 기술을 바탕으로 속성과 성능을 발전시키기보다는 '이제까지와는 다른 경험을 창조' 하는 쪽으로 가야 한다. 이때 경험에서 가장 중요한 요소는 '나에게 주는 의미what it means to me' 다.

브랜드의 궁극적 가치란 결국 브랜드가 소비자에게 주는 의미의 가치다. 혁신은 이 '의미의 가치' 를 창조하고 높여나가는 활동으로 봐야 한다. 뒤집어 말해, 마켓 리더십을 쟁취할 급진적 혁신이란 꼭 급진적인 기술 혁신에 의존하지는 않는다는 것이다.

물론 혁신적 기술이 혁신적 경험을 창조하고 그 경험의 의미가 기존 의미와 다를 때, 소비자가 혁신을 가장 잘 인지할 수 있고 그 파괴력도 가장 높을 것이다(그림 1). 하지만 이미 상용화된 기술이라도, 역사가 오래됐거나 기술적 혁신의 범위가 좁은 상품군과 산업에서도, 지금과 급진적으로 다른 경험을 성공적으로 접목시켰을 때, 소비자는 상당히 급진적인 혁신으로 받아들일 수 있다. 나이키플러스NIKE+, 길트닷컴Gilt.com, 팹닷컴Feb.com, 키넥트Kinnect의 예가 바로 그렇다. 반대로 상당히 혁신적인 기술을 가지고 구현했더라도 이것이 기존 경험의 연장선상에 있으면, 소비자는 이를 점진적 혁신으로 느끼기 쉽다.

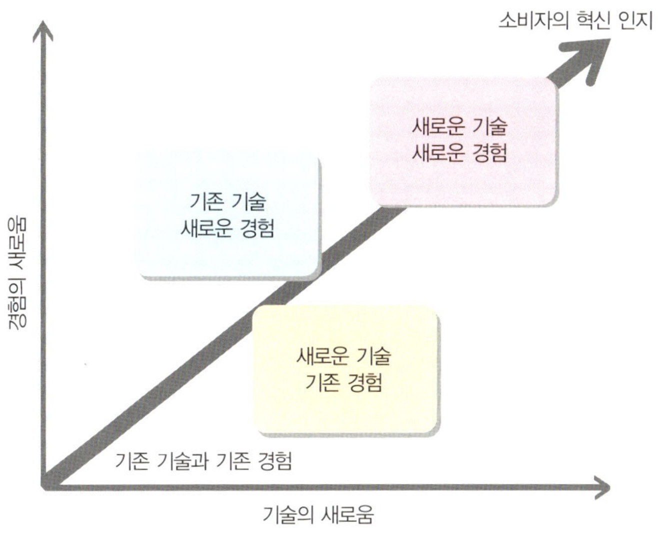

그림 1_ 소비자의 브랜드 혁신 인지 정도

나이키플러스_혼자 뛰면서 혼자 뛰지 않는 의미

급진적 혁신을 그리 새롭지 않은 기술로 구현한 좋은 예가 나이
키플러스다. 혁신을 기술적으로만 이뤄내고자 할 때, '신발'이
라는 것은 아주 어려운 상품군이다. 특히 운동화의 경우 어떤 재
료와 어떤 디자인으로 외부 충격을 잘 흡수해서 몸을 얼마나 보
호하는지가 중요한 속성이다. 그래서 지금까지는 인체 공학적인

소재와 디자인이 혁신의 큰 틀이 돼왔다. 나이키는 이런 속성 면에서 가장 성능이 좋은 상품을 보유하고 있지는 않다. 나이키의 주력 상품군인 러닝화의 경우, 프로를 위한 전문적 스포츠 신발이라기보다는 일반 사람들의 적당한 운동에 필요한 적당한 운동화로 시장에서 통용돼왔다.

일반 사람들이 날마다 즐기는 일상적인 운동 가운데 대표적인 것이 러닝이다. 땅이 좁은 뉴욕 같은 복잡한 도시도 센트럴파크와 리버사이드파크에 가보면 운동을 위해 뛰고 있는 사람들을 많이 볼 수 있다. 러닝을 즐기는 사람들이 자주 하는 말로 '러너하이 Runners high'라는 것이 있다. 오랜 시간 달릴 때 느끼는 도취감, 또는 쾌감을 말한다. 조지아 공대와 캘리포니아 주립대 연구팀은 "오래 달리기를 하거나 자전거를 탈 때 상당량의 '아난다마이드 anandamide'가 생겨 그러한 신체 반응을 불러일으키는데, 아난다마이드는 마리화나를 피울 때 환각을 일으키는 'THC'와 비슷한 '카나비노이드 cannabinoid'의 일종"이라고 밝혔다.[12] 러너하이 때문에 러닝을 즐기는 사람들은 뛰는 일을 쉽게 멈출 수 없고, 그래서 종종 다리 관절에 이상이 생기는 경우도 있다고 한다.

내 주변에도 뛰는 것을 무척 좋아해서 1년에 4회 정도 마라톤 풀코스를 완주하는 친구가 있다. 하루는 그 친구가 마라톤과 러닝화에 대해 얘기하다 말고, 전문적으로 달리기를 하려는 사람은 나이키를 사면 안 된다는 말을 했었다. 무릎를 보호하기에 나이키는 그리 적합한 신발이 아니라는 것이다. 하지만 가볍게 운동하고 뛰는 일반 이용자들에게 나이키는 분명 '러닝이라는 스포츠와 가장 잘 어울리는 회사의 이미지'를 가지고 있다. 이는 나이키가 대중이 쉽게 접하는 일상 상품군에서 '속성' 중심으로 혁신하는 데 한계가 있음을 깨닫고 수십 년 전부터 '경험과 의미' 중심으로 혁신을 진행한 덕이다. 이러한 사례를 잘 보여주는 것이 2006년 출시된 나이키플러스다.

사실 러닝은 기본적으로 홀로 하는 외로운 스포츠다. 특별히 개인 트레이너를 원하는 시간에 고용하거나 아주 가까운 친구가 같이 뛰어주지 않는 한, 러닝은 혼자 즐길 수밖에 없다. 그러나 나이키는 '뛰는 일은 외로울 필요가 없다'는 새롭고 혁신적인 경험과 의미를 제시하며, 나이키플러스라는 혁신 상품과 서비스를 개발한다.

나이키플러스의 기술적 원리는 아주 간단하다. 신발 깔창 밑에 아이팟iPod 나노 모델과 무선 연동이 되는 수신기를 삽입해, 이용자가 뛰는 기록을 저장할 수 있도록 만든 것이다. 이는 얼마나 오래, 얼마나 긴 거리를 달렸는지, 얼마나 많은 열량을 소모했는지 환산해서 나타내준다. 목표량을 지정해놓으면, 러닝을 하는 동안에 개인 트레이너가 코치하듯 음성으로 현재까지 성과를 안내해주며 응원을 보내기도 한다. 또한 나이키플러스닷컴

*nikeplus.com*에서 자신의 운동 기록을 저장하고 다른 이들과 비교해볼 수도 있다. 나이키가 2009년 3월 13일부터 4월 20일까지 제공한 프로그램 '맨 vs 우먼 챌린지Men vs. Women Challenge'는 전 세계 러너들이 자신이 뛴 거리 정보를 킬로미터 단위로 입력해서, 어느 성별이 더 많이 뛰었는지 경쟁하게 해 큰 반향을 불러일으켰다(그림 2). 나이키플러스닷컴은 2012년 7월 기준으로 약 700만 이용자를 보유하고 있으며 하루에 약 1,000명 넘게 등록하는 거대한 커뮤니티로 발전했다.[13] 나이키플러스의 혁신은 나이키가 러닝화라는 큰 시장에서 최고 브랜드로 입지를 더욱 굳히도록 해줬다.

운동이라고는 숨쉬기 운동밖에 몰랐던 나 또한 나이키플러스 덕분에 일주일에 한 번은 달리기를 하게 됐다. 개인이 혼자 아무 때나 즐길 수 있다는 자유로움과, 동시에 다른 이들과 함께한다는 소속감은 많은 이들에게 동기를 부여한다. 이것은 '멀리 있는 이들과 공동 목표를 만들고 성취해나간다는 의미'의 혁신을 '그다지 새롭지 않은 기술'로 구현한 사례다.

나이키는 러닝화에서 시작한 이 혁신적 의미를 '팔찌'에도 적용했다. 바로 나이키 퓨얼 밴드Fuel Band다. 이 상품 덕에 나이키는 '웨어러블 테크놀로지wearable technology'라는 장르를 개척하는 혁신 브랜드로 입지를 굳혔다. 실제로 나이키는 2013년 〈패스트 컴퍼니〉가 선정한 '가장 혁신적인 브랜드' 리스트에서 아마존닷

그림 2_나이키플러스의 '맨 vs 우먼 챌린지'

picture by courtesy of Nike, Inc.

컴Amazon.com을 물리치고 당당히 1등을 차지한다.[14] 기술의 혁신보다 '창조적 의미의 혁신'이 브랜드 혁신에서 가장 큰 성공 요인임을 증명하는 성과라 할 수 있다.

길트닷컴_한정 상품을 사는 특별한 경험

길트닷컴은 고급 브랜드의 재고를 급매로 처리하는 온라인사이트다. 길트닷컴의 창업자 케빈 라이언Kevin P. Ryan은 더블클릭닷컴www.doubleclick.com이라는 인터넷 배너 광고를 이용자 정보에 따라 내보내는 벤처 회사 창업자 중 한 명이었다. 그는 2007년 31억 달러를 받고 이 프로그램을 구글에 넘기게 된다.[15] 그렇게 회사를 매각하고 프랑스를 여행하던 중 그는 재미있는 광경을 목격한다. 사람들이 어느 매장 앞에서 끝도 없이 줄을 서 있는 모습이었다. 바로 고급 상품의 재고를 60% 이상 싸게 급매하는 장소였다.

고급 브랜드 중에는 이미지를 관리하기 위해 할인 판매 정책을 되도록 하지 않는 곳들이 많다. 실제 에르메스Hermes 같은 최고급 브랜드들의 경우, 재고 상품을 할인해서 판매하는 대신 모두 소각하는 것이 기존 관행이었다. 명품 브랜드들이 이따금씩 재고를 싸게 내보내는 경우가 있는데, 이때에도 재고 할인을 한다는 사실을 미리 알리지 않고, 장소도 계속 바꿔서 진행하곤 했던 것이다.

길트닷컴은 이러한 점에 착안해, 고급 브랜드의 급매 처분을 온라인으로 옮겨 온다는 아이디어를 냈다. 고급 브랜드의 급매 처분은 대중에게는 알리고 싶지 않은, 주로 도시에 거주하는 소수에게 한정된 행사였다. 따라서 이런 행사를 온라인이라는 수면 위로 올리는 것 자체가 굉장히 파격적인 사건이었다. 또한 고급 브랜드가 가진 '소수 독점'이라는 속성과 온라인의 '손쉬운 접근성'이 어울리지 않았기 때문에, 대체로 온라인 시장에 대해 조심스러운 상태였다. 이러한 상황에 고급 브랜드가 '숨기고 싶어 하는' 급매 처분을 온라인으로 접근하게 만든다는 것은, 보수적인 명품업계 입장에서 받아들이기 어려운 모델이었다.

최악의 불황으로 치달았던 1999년이 지나가고, 2000년 이후 점차 회복세를 보이던 세계 경기는 2007년 들어서 다시 출렁이기 시작한다. 그즈음 샤넬Chanel 등의 고급 브랜드들은 불황에도 어느 정도 견딜 수 있는 여력이 있었던 반면, 가격대는 높아도 대중 인지도가 낮았던 브랜드들은 큰 타격을 입게 된다. 경기가 좋을 때는 소비자들이 명품을 자주 사기 때문에 여러 브랜드를 살펴보고 구매하지만, 경기가 나빠지면 선호하는 브랜드만을 구매한다. 그래서 비교적 인지도가 낮은 브랜드들은 판매가 줄고 재고가 늘어나 어려움이 커졌던 것이다. 이런 상황에 길트의 모델은 거북하지만 받아들여야 하는, 하나의 달콤한 대안이었다.

여기에 더해 길트는 고급 브랜드의 독점성을 보호하기 위해, 온라인 스토어에 초대된 사람만이, 특정 상품을, 한정된 시간에만 살 수 있도록 제한하는 모델을 제시했다. 비록 철이 지난 명품 브랜드를 싸게 사려고 길트에 들어오지만, 마치 '명품 브랜드가 충성 고객에게만 제공하는 특별한 대접을 받는 듯한 경험'을 준 것이다. 길트는 초대된 사람만 해당된다는 전제하에, 먼저 이메일로 등록해 이용자가 된 후에만 상품을 볼 수 있고 살 수 있도록 만들었다. 또한 특정 브랜드를 오후 12시 정각에 올린 뒤 24시간 동안만 판매했다. 재고 처리라는 특성상 대부분 상품 개수는 넉넉지 않았고 경쟁이 치열했다. 이처럼 한정 수량만 가지고 시작한다는 점 때문에, 길트가 오픈된 이후 한동안 미국 여성들은 점심시간이 되어도 식사를 하러 자리를 뜨지 않을 정도였다. 이런 폭발적인 반응 이후, 비슷한 급매 처분 사이트가 여러 개 나타났다. 루랄라닷컴 Ruelala.com, 오트룩닷컴 Hautelook.com, 비욘더랙닷컴 beyondtherack.com 등이 그것이다.

그러나 이런 혁신적 모델도 그 혁신적 의미가 퇴색하면 고전하게 된다. 처음에는 초대를 받은 사람만이 길트에 이메일 등록을 한 뒤 이용했지만, 소비자 수를 늘리기 위해 직접 이메일만 등록하면 모두 접근할 수 있도록 변경하면서, 더 이상은 이용자가 특권을 느끼기 어려워졌기 때문이다. 또한 경제가 불황기를 빠져나오면서 길트에 재고를 공급하던 고급 브랜드의 수 또한 점점 줄어, 한때는 이런 고급 브랜드들이 길트에 내보내는 물건은 따로 생산한다는 뜬소문까지 돌게 되었다. 더욱이 팔다 남은 재고는 브랜드가 되가져가는 것이 아니라 길트가 처리해야 하는 상황이었다. 24시간 후 없어진 브랜드 제품이 한두 달 후에 다시 등장하면서 '지금 당장 사지 않으면 안 된다'는 다급함이 많이 줄어들었다. 이러한 점들 때문에 길트는 아직까지 그리 큰 수익을 내지 못하고 있다.

팹닷컴_ 디자인 감성과 안목의 차별화

앞에서 언급한 비즈니스 모델의 후발 주자임에도 가장 빠르게, 그리고 유일하게 흑자를 내고 있는 모델이 있다. 바로 팹닷컴이다. 길트닷컴과 비슷하기 때문에 고유한 혁신 모델이라고는 할 수 없지만, 팹닷컴은 판매 상품을 패션 이외에 인테리어 디자인, 주방, 욕실용 디자인 필수품으로 넓혀 길트와는 다른 브랜드 의미로 성공을 거둔 사례다.

길트 등 선발 업체들보다 뒤늦게 뛰어들었음에도, 팹닷컴은 2011년 개설한 지 5개월 만에 약 100만 명의 회원을 보유하는 데 성공한다. 이는 페이스북, 트위터Twitter나 그루폰Groupon보다 훨씬 빠른 기록이다. 이처럼 무서운 속도로 성장한 팹닷컴은

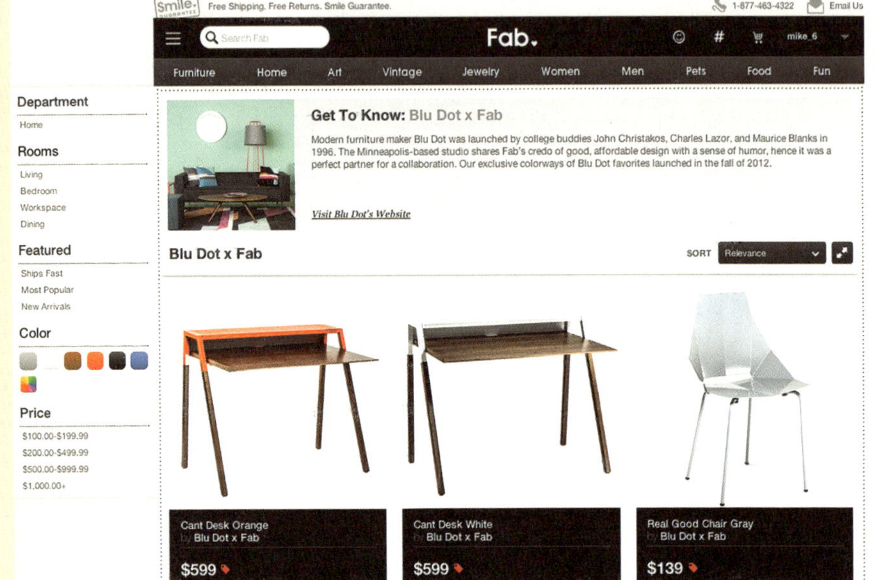

그림 3_팹닷컴

picture by courtesy of Fab.com.

2013년 약 1,400만 명이 넘는 회원을 보유하고 있으며,[16] 1분에 약 5.4개의 물건을 팔고 있다.[17] 이 같은 성공의 이유를 비즈니스 모델에서 굳이 찾는다면, 상품군의 특성상 크기에 구속받지 않으며 공급망 관리가 중간상의 역할이라 재고를 미리 구매해 진행하지 않는다는 점을 들 수 있다.

팹닷컴은 평균 40%대로 할인을 한다. 이는 길트처럼 높은 할인율이 아니며, 사실 다른 인테리어 제품 판매에서도 자주 볼 수 있는 할인율이다. 그럼에도 남다른 성공을 거둘 수 있었던 이유는 무엇일까?

설립자인 제이슨 골드버그Jason Goldberg와 브래드퍼드 셸해머Bradford Shellhammer가 특유의 안목으로 마련한 상품 큐레이션cura-tion에 그 비결이 숨어 있다. 아무리 할인율이 높다 해도, 집 안에 잡다한 물건이 널려 있는 대부분 소비자라면 '무엇을 사야 할지, 살 것인지 말 것인지'를 고민하기 마련이다. 팹닷컴은 바로 이 점을 공략했다. 자신들이 가진 탁월한 안목과 미적 감각을 활용해서 희소성 높은 상품만을 소량으로 판매하기 시작한 것이다. 다시 말해 "이곳에서는 물건을 싸게 살 수 있다"가 아니라, "이곳에서는 무엇을 사야 할지 고민할 필요가 없다, 어떤 물건을 구매해도 실패하지 않는다"라는 자신감 있는 메시지를 전달했다. 팹닷컴은 미술 갤러리 사이트처럼 희소가치가 있는 고급 상품들을 소량만 판매하고 있다. 사이트의 시각적인 구조가 간결하고, 상품들은 눈에 잘 들어온다(그림 3). 이런 독창성을 내세워 이들은 주장한다.

우리는 할인 소매업이 아니라 디자인 감성의 비즈니스를 추구하고 있다.

아울러 이들은 소비자가 팹닷컴을 방문한 것 또한 단지 디자인 상품을 저렴하게 구입하기 위해서가 아니라, 디자인 감성이 풍부한 사람이기 때문이라는 점을 어필한다. 설령 디자인 감각이 떨어진다고 해도, 이 사이트에서 물건을 접하고 구매하는 것만으로 '생활 속 디자인 전문가가 될 수 있다'는 의미를 주어 자부심을 느끼게 만든다. 여기에 희소성 있는 물건을 할인된 가격으로 구매할 수 있다는 기존 모델의 장점까지 더해 그 가치를 더욱 높인 것이다.

키넥트_상상을 실현하는 도구

의미의 진화에 따른 혁신의 예를 잘 보여주는 것이 바로 마이크로소프트Microsoft의 키넥트다. 애초에 키넥트는 닌텐도Nintendo 위Wii의 점진적인 혁신이라는 의미를 부여했다. 잘 알려진 것처럼 위는 닌텐도를 도산 직전에서 구한 상품이다. 이 자체로 의미 혁신의 중요성을 보여주는 아주 좋은 사례다.

닌텐도는 콘솔 게임console game과 휴대용 소형 게임기 영역에서 오랫동안 시장 우위를 차지해온 게임 회사였다. 그런데 1990년 말에서 2000년 초 사이, 훨씬 세련된 그래픽과 하드웨어 기술을 가지고 뛰어든 소니의 플레이스테이션Playstation과 마이크로소프트의 엑스박스Xbox에게 심각한 도전을 받는다. 이 상황을 타개하기 위해 닌텐도는 급진적으로 다른 콘솔 게임 경험을 연구하기 시작했다. 그리고 마침내 모션 센싱Motion Sensing(사람의 움직임을 인지하는 센서) 기술에 '가상 세계 속 콘솔 게임을 실제 세계로 끌어냈다'는 의미의 혁신을 더해 위라는 상품으로 탄생시켰다. 다시 말해 '이용자를 대변하는 가상 세계의 아바타'가 아니라 '나와 내 친구, 가족'이 직접 경험한다는 의미 부여였다.

또한 콘솔 게임은 두 손가락이 아니라 온몸으로 즐기는 경험이라는 점을 새롭게 제시했다. 그러면서 아이들이 콘솔 게임에 빠질 때 부모들이 하는 많은 걱정들을 덜어주었다. 게임에 빠지면 사회성이 떨어지고 운동도 안 하고 군것질도 많이 해서 비만이 될 수 있다는 염려를 줄인 것이다. 콘솔 게임의 (주 이용자가 아닌) 구매자가 아이들의 부모라는 사실을 감안할 때, 이 같은 의미 창출이 시장에 가져온 효과는 적지 않았다.

닌텐도 위의 성공에 자극받은 마이크로소프트는 2010년 11월, 엑스박스 키넥트라는 혁신 모델을 시장에 내놓는다. 키넥트는 닌텐도의 경험과 의미를 더 좋은 기술로 구현해서 리모컨이 필요 없도록 한 것이다. 사실 여기에 들어간 기술은 위의 기술과는 전혀 다른 혁신적 모델이었다. 키넥트는 리모컨을 따라가는 모션 센싱이 아니라 자외선 신호와 카메라, 그리고 3D 스캐너 시스템을 이용해 사람의 움직임을 감지한다. 이용자는 음성 명령으로 리모컨 없이 위 같은 게임을 즐기면 된다.[18]

마이크로소프트는 키넥트를 띄우기 위해 유례없이 500억 달러의 광고 예산을 투입하고, “당신이 컨트롤러다”라는 메시지로 미국, 유럽, 아시아 시장을 공략한다.[19] 키넥트는 나름대로 성공적이었지만, 어마어마한 마케팅을 했음에도 위가 시장에 나와 선풍적인 인기를 끌던 때만큼은 반응을 얻지 못했다. 분명 혁신적 기술이었지만, 기존 경험과 의미가 그대로인 탓이었다. 특히 이미 위를 갖고 있는 이용자들에게, 키넥트가 부여한 경험은 그다지 신선하게 받아들여지지 않았던 것이다.

급진적 기술 혁신은 거기에 새로운 ‘의미’가 더해졌을 때만 새로운 시장에서 리더십을 쟁취할 힘을 갖게 된다. 이를 깨달은 마이크로소프트는 2012년 진일보한 키넥트 기술에 “상상된 적이 없는 가능성”이라는 새로운 의미를 부여하며 그야말로 ‘상상된 적이 없는’ 시장을 만들어나간다. 이제 키넥트는 더 이상 위의 연장선에 있는 제품도, 위를 경험한 이용자 입장에서 더 편리하게 개선된 제품도 아니다. 곧 위의 점진적 혁신이 아니라, 위로는 상상할 수 없는 의미의 혁신을 제시한 것이다.

이용자가 아무런 기기 장치에 손대지 않고도 기계를 조종하고, 가지고 있지 않은 악기로 음악을 연주하고, 로봇을 원격으로 조종해 폭탄을 제거하고, 의사가 환자에게 멀리 떨어진 채로 수술할 수 있다. 이런 의미 전환은 키넥트가 일구어낸 기술적 혁신의 방향까지도 바꾼다. MIT 미디어랩에서는 이 기술을 이용해서, 마우스를 클릭하지 않고 손동작으로 브라우저를 넘기는 기술을 개발하고 있다. MIT의 로봇로코모션그룹Robot Locomotion Group 또한 영화 〈마이너리티 리포트〉에서 허공에 뜬 스크린을 보며 손으로 조작하던 장면을 실현하고 있다.[20] 같은 기술적 혁신이라도 이것이 의미의 혁신과 만났을 때 끝없는 가능성을 만들어낼 수 있음을 잘 보여주는 사례라 할 수 있다.

의미가 주도하는 가치사슬의 힘

급진적 기술 없이도 브랜드 혁신을 할 수 있다고 할 때 받게 되는 질문 중 하나가 바로 "그렇다면 그것이 마케팅과 어떻게 다른가?"이다.

신상품이 시장에 나가기까지 전반적인 가치사슬Value Chain을 살펴보면, 크게 업스트림Upstream과 다운스트림Downstream으로 나

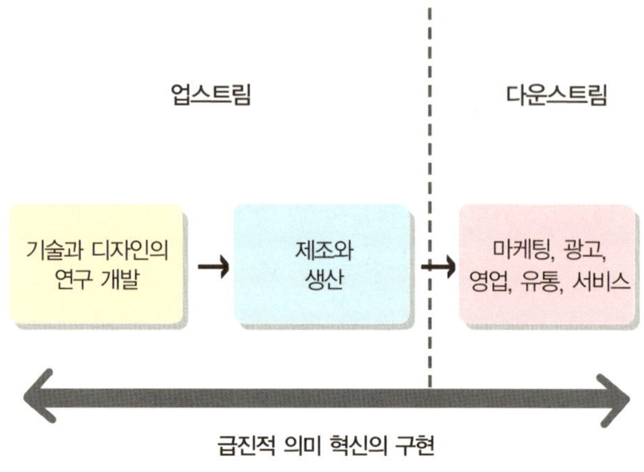

그림 4_의미의 혁신이 전도하는 가치사슬 범위

뉜다(그림 4). 업스트림 가치사슬에는 상품 개발과 연구 활동, 그리고 제조와 생산 과정의 활동들이 들어 있다. 다운스트림 가치사슬에는 상품이 마켓에 유통되며 소비가 이루어지도록 돕는 활동들이 들어 있다. 이 중 마케팅은 광고, 가격 설정, 판매 영업, 리테일링, 서비스 등과 함께 대표적인 다운스트림 경영 활동이다. 특히 마케팅은 소비자에게 상품의 가치를 알리고 소통하는 매개로, 소비자로 하여금 속성과 기능이 그리 바뀌지 않은 상품도 새롭게 느끼도록 만들 수 있다.

그러나 나이키, 길트, 팹닷컴, 키넥트 사례에서 보았듯이 의미가 주도하는 혁신이란, 혁신적 상품이 먼저 나온 후 이를 마케팅 영역에서 프로모션해 판매하는 것에 국한되지 않는다. 의미의 혁신은 가치사슬 전반을 주도한다(그림 4). 어떤 경험과 의미로 혁신을 주도하느냐에 따라 혁신 속성과 상품 디자인, 기술 개발의 방향이 결정되며, 제조와 생산 방식에까지 영향을 미친다. 곧 새로운 의미를 만들어내는 것은 상품을 더욱 매력적으로 만드는 기능적인 요소 가운데 하나라기보다, 혁신 상품을 구현하는 '모든 과정을 주도하는' 것이라고 할 수 있다.

기술이 진화되면서 기술 혁신도 조금씩 그 모습이 변하듯, 경험과 의미의 혁신도 진화 과정을 밟는다. 이 '경험과 의미의 진화'에 따라 필요한 기술과 속성, 마케팅의 방향이 정해진다. 이를 잘 보여주는 예가 바로 드비어스De Beers 다.

이터너티 링_함께 살아온 시간을 영원히

드비어스는 다이아몬드 광산과 제조업에서 독보적인 시장 우위를 지켜온 회사다. 1988년 세실 로즈Cecil Rhodes가 창립하고 1927년 어네스트 오펜하이머Ernest Oppenheimer가 인수해 다이아몬드 생산의 독점력을 높여갔다. 특히 1947년부터 시작한 "다이아몬드여, 영원히A Diamond is Forever"라는 광고는 소비자에게 다이아몬드가 가지는 감정적·감성적인 가치를 크게 높여주었다.[21]

1949년 캐롤 채닝Carol Channing이 브로드웨이 뮤지컬 〈신사는 금발을 좋아해Gentlemen Prefer Blondes〉에서 〈다이아몬드는 여자의 가장 좋은 친구Diamonds are a Girl's Best Friend〉라는 노래를 소개하는데, 이 뮤지컬이 1953년 마릴린 먼로Marilyn Monroe 주연의 영화로 만들어지면서 다이아몬드가 여자에게 갖는 사회적 의미가 더욱 단단히 굳어지게 된다.

또 드비어스는 남성을 대상으로 "당신의 두 달 치 월급을 평생 동안 유지할 수 있는 방법How else could two-months' salary last forever"이라는 광고 문구를 선보이기도 했는데, 이는 남자들이 값비싼 다이아몬드 결혼반지를 사려면 두 달 치 월급을 써야 하지만 영원히 남는 것에 투자하는 것이기 때문에 값어치가 있다는 메시지였다.

모든 경제 단위가 그렇듯이 다이아몬드의 가치는 희귀성에서 비롯되는데, 사실상 다이아몬드는 그다지 희귀한 보석 종류가 아니다. 매년 다이아몬드 생산량은 약 1억 3,000만 캐럿, 약 26톤에 이른다.[22] 이렇듯 광산에서 생산되는 양이 상당할 뿐 아니라 6,000년 넘게 소비돼온 역사를 돌아볼 때 시중에 이미 나와 있는 양까지 미루어 짐작해보면 희귀성은 더욱 떨어진다고 할 수 있다. 하지만 드비어스가 다이아몬드에 감성적 의미를 부여한 덕에, 한번 소비자 손에 들어간 다이아몬드들은 웬만해선 시장에 나오지 않았다.

　이처럼 다이아몬드는 특별한 날 사게 되는 상품이고 오랫동안 많은 양이 시장에 수용돼왔기 때문에, 상품 혁신을 통한 새로운 시장 개발이 상당히 중요하다. 이터너티 링 Eternity Ring이 그 좋은 예다. 1950년대 드비어스는 다이아몬드 시장의 독점적 생산 유통을 위해 러시아 시베리아에서 발견된 다이아몬드 광산 생산량의 90%를 수용하기로 한다.[23] 그런데 시베리아 광산의 다이아몬드는 생산량이 많을 뿐 결혼반지로 쓰기에는 크기와 질이 알맞지 않았다. 1960년경 개발된 이터너티 링은 이런 골치 아픈 상황에서 나온 혁신이었다.

　이터너티 링은 작은 다이아몬드(대부분 0.25캐럿 이하)가 반지 전체에 돌아가며 박혀 있는 제품이다. 이에 드비어스는 결혼식 예물반지라기보다는 결혼기념일에 주고받기 좋은 반지로, 작은 다이아몬드들이 부부가 함께 살아온 나날들을 의미하는 것으로 포장, 상품 개발을 진행했다. 크기가 작은 다이아몬드로 이제껏 존재하지 않았던 의미로 디자인을 가이드하여 혁신을 구현했다고 볼 수 있다. 또한 골치 아픈 러시아산 작은 다이아몬드를 처리하기 위해 내놓은 의미의 혁신이 다이아몬드 시장을 몇 배로 키우는 데 큰 기여를 한 것이다. 결혼이야 평생 많이 해봐야 손가락에 꼽을 정도지만, 함께 살며 축하하는 결혼기념일의 수는 그보다 훨씬 많기 때문이다.

　나이키, 팹닷컴, 드비어스 등의 사례에서 보듯, 혁신이 반드시 IT처럼 끊임없이 사양과 옵션이 변하는 상품군에서만 가능한 것은 아니다. 기술 혁신이 둔화된 상품군, 속성상 기술 혁신에 한계가 있는 상품군에서도 얼마든지 의미의 혁신을 통해 소비자가 새로운 의미와 가치를 느끼도록 할 수 있다. 그리고 이를 통해 존재하지 않았던 마켓을 생성하며 혁신 브랜드로서 입지를 정립하고 강화할 수 있을 것이다.

3
혁신에 적절한 때는 없다

혁신에는 자본 투자와 실패 위험이 뒤따른다. 따라서 흔히 혁신은 회사가 재정적으로 넉넉할 때, 경기가 좋을 때 시도하는 것이라고 생각하는 경향이 있다. 그러나 불경기라고 해서, 기업 상황이 어렵다고 해서 혁신을 멀리하거나 포기해서는 안 된다. 힘든 상황에서 가격 차별화 전략만을 계속 내세울 것인가? 어려우면 어려울수록, 회사는 더욱더 노력해 혁신을 이뤄가야 한다.

지난날 경기가 좋지 않을 때 기업이 제일 먼저 줄이는 것은 R&D Research and Development에 들어가는 예산이었다. 하지만 경제 사정이 좋지 않음에도 R&D의 노력을 줄이지 않았던 회사가 결국 경쟁에서 우위를 차지한 이야기를 심심치 않게 들을 수 있다. 애플의 아이튠즈iTunes와 아이팟iPod, 그리고 특히 리테일 스토어Retail Stores는 심각한 불경기 동안에 개발됐다는 점을 상기해보자.

애플스토어_ 전자제품 리테일링의 혁신

1999년 애플이 처음으로 리테일 비즈니스Retail Business(다른 회사의 유통 채널을 거치지 않고 자회사가 고객에게 직접 상품을 판매하는 방법)에 들어가며 애플스토어를 내겠다고 발표했을 때, 산업계는 발칵 뒤집어졌다. 발표 뒤 월스트리트의 애플 주식도 한참을 출렁였다. 리테일 기반이 거의 없다시피 한 전자 회사가 리테일 비즈니스에 진입한다는 것은 신상품 개발하고는 차원이 다른 자본이 들어가며 그만큼 위험이 따르는 일이었기 때문이다. 게다가 1999년 당시는 인터넷 버블이 터지면서 미국 경제가 급속도로 어려워지던 때였다. 컴퓨터 제조업에서 리테일 비즈니스로 차별화를 추구하던 게이트웨이Gateway가 고전하는 반면, 델Dell이 온라인을 활용한 다이렉트 채널로 떠오르던 즈음이었다. 이런 상황에서 애플이 오프라인 리테일 비즈니스를 선언했으니, 반응은 비관적일 수밖에 없었다. 더욱이 베스트바이Best Buy와 월마트Walmart 등 브랜드 인지도가 높은 유통 회사들이 이미 애플 제품을 공급하고 있는 상황에서, 일이 잘못될 경우 이들과 관계가 악

화돼 불이익을 당할 수도 있었기 때문이다.

반면, 이 시기 델은 온라인 비즈니스를 통한 고객 맞춤형 전략으로 기업 전문가들에게 좋은 평가를 받았다. 클릭하면서 하나하나 원하는 기능을 선택하는 맞춤형 주문 생산 모델이 한창 주목받고 있었다. 그런데 바로 이때 애플이 정반대 방향으로 사업을 전개한 것이다. 당시 애플이 내건 것은 용량 옵션뿐이었다. 그런데 결과적으로 델의 고객 맞춤형은 워크스테이션급 이상의 큰 컴퓨터에서는 의미가 있지만, 랩탑에서는 하드디스크와 메모리카드 용량을 늘리는 것 말고는 실질적으로 별다른 의미가 없음이 밝혀졌다. 놀라운 것은 그 통찰력을 (델이 비즈니스를 통해 직접 알아내기 전에) 애플이 먼저 발휘했다는 사실이다.

애플스토어가 2001년 5월 19일 버지니아와 캘리포니아에 처음 오픈했을 때, 역시나 사람들의 입방아에 여러 차례 오르내려야 했다. 당시만 해도 애플 제품은 지금처럼 종류가 다양하지 않았다. 전면이 통유리로 된 갤러리처럼 고급스러운 매장 분위기와 달리 진열된 상품은 몇 가지 안 됐기에 반응은 더욱 부정적일 수밖에 없었다.

더욱 논란이 된 것은 애플스토어에 마련된 지니어스 바Genius Bar(애플이 직접 운영하는 서비스센터로, 수리와 리퍼 서비스를 비교적 편하게 받을 수 있도록 가게 안에 마련한 술집 형태의 공간)였다. 미국은 제품의 인건비가 높아서 수리 서비스 비용이 무척 높다. 그래서

컴퓨터 수리를 하려면, 컴퓨터를 유피에스United Parcel Service, UPS
나 포스탈서비스Postal Service를 이용해 회사 본부로 보내고 몇 주
를 기다려 배달을 받는 방법이 보통이었다. 물론 델 같은 회사는
서비스맨을 보내기도 하지만, 이런 경우도 미리 시간을 약속해
서 맞춰야 하고, 조금 어려운 고장은 결국 본사로 보내 처리하는
방식이었다. 리테일이 성공하느냐 실패하느냐는 '단위 면적당
판매sales per square foot'로 결정되기도 한다. 애플이 가게를 여는
지역은 뉴욕 5번가를 포함해 땅값이 비싼 곳들이었는데, 그 비
싼 공간들을 수리를 위해 쓰고 많은 수의 비싼 기술자들을 상시
고용한다는 것은 이해하기 힘든 모델이었다.

스티브 잡스Steve Jobs는 왜 그런 속성들을 가지고 애플스토어
라는 혁신을 진행했을까? 카마인 갈로Carmine Gallo가 쓴 스티브
잡스의 전기에는 이런 구절이 있다.

그는 애플스토어를 애플 물건을 직판하는 유통의 수단으로 보지
않았다. 애플스토어는 애플과 소비자가 소통하는 공간이었다.[24]

특히 애플스토어의 혁신을 주도한 의미는 "당신이 발전하도
록 돕기 위한 것We are here to help you grow"이었다. 서로 친구가 되
는 것. 친구가 되려면 한 친구가 다른 친구를 덜떨어지고 바보
같다고 느끼게 해서는 안 된다. 테크놀로지를 잘 몰라도, 기술적

문제에 대해 상식이 부족해도 스스럼없이 도움을 청할 수 있어야 한다. 또한 애플스토어 안에는 돈을 내는 창구가 없다. 계산은 자신을 도와준 사람이 바로 그 자리에서 단말기로 처리한다. 물건을 고르느라 기다리고, 계산하느라 줄을 설 필요가 없는 것이다. 진심으로 소통하려면 서로를 존중하고 도와주는 친구가 돼야 하며, 애플스토어는 그런 친구를 만나고 경험하는 공간이라는 비전으로 잡스는 이런 속성들을 선택한 것이다.

미디어와 기업 전문가들의 온갖 우려와 독설에도 애플스토어는 큰 성공을 거둔다. 2012년 조사 결과 애플스토어는 '미국에서 단위 면적당 가장 큰 매출'을 만들어내는데, 2등이었던 티파니 Tiffany & Co의 거의 두 배 가까이 되는 큰 성과였다.[25] 비결은 바로 그토록 우려했던 부분에 숨어 있었다. 매장에서 즉시 문제 해결을 도와주는 지니어스 바의 존재야말로 고객이 애플을 선택하고 구입하는 커다란 요인이었던 것이다.

얼마 전 맨해튼의 어퍼 웨스트사이드에 있는 애플스토어 지니어스 바에 들른 일이 있었다. 5년 넘게 사용하고 있는 아이폰 3GS에 문제가 생긴 것이다. 소프트웨어를 업그레이드하는 과정에서 뭔가 잘못됐는지 전화가 걸려온 기록이 남지 않았다. 인터넷으로 예약을 하고 그 시간에 맞춰 들렀다. 기술자는 내게 '폰을 왜 새 제품으로 바꾸지 않느냐', '오래전에 단종된 기기라 고치기 힘들 것 같다'고 말하지 않았다. 그는 그저 내가 이야기하는 불편함을 듣고 친절히 문제를 해결해줬다. 사실 애플스토어에 가기 전까지 귀찮다는 생각에 집에서 직접 해결하려고 인터넷을 찾아가며 한두 시간을 헤맸었다. 그런데 산뜻하게 문제를 해결하는 지니어스 바를 경험하고는, 진즉 애플스토어로 찾아올걸 왜 인터넷으로 괜한 시간을 보냈나 싶은 생각이 제일 먼저 들었다. 지니어스 바는 크고 작은 문제를 해결하는 데 시간적 · 정신적 낭비를 하지 않아도 된다는 점을 통찰해내고, 애플이 전하고자 했던 "당신이 발전하도록 돕기 위한 것"이라는 의미를 중요한 속성으로 구현한 것이다.

더욱이 애플스토어의 세련된 외관 건축 디자인, 갤러리 같은 실내 상품 배열과 디자인 덕에 더 많은 사람들의 발길이 이어졌다. 2010년 〈패스트컴퍼니〉에 따르면 뉴욕 5번가에 있는 애플스토어는 미국에서 방문자가 가장 많은 곳으로, 뉴욕의 '자유의 여신상' 보다 더 많은 사람들이 들른 장소로 꼽혔다.[26] 또한 2011년에는 미국에서 사진이 가장 많이 찍힌 장소로 뽑히기도 했다.[27]

애플스토어의 획기적인 성공을 보면, 혁신을 구성하는 하나하나의 요소가 아니라 '이런 요소들이 만들어낸 의미'가 소비자에게 중요했음을 알 수 있다. 더불어 그 의미의 혁신을 진행하기에 특별히 '적절한 때'란 있을 수 없다는 것도.

가정하지 말고
흔들어보라

1

하얀 도화지를
두려워하지 말라

혁신의 아이디어를 위해 빈 도화지에 그림을 그린다는 마음으로 가정과 전제 없이 시작해보자. 누구도 시도하지 않은 창의적인 그림을 그리고자 한다면, 스케치와 채색이 어느 정도 이루어진 뒤에 어떤 색이 추가돼야 더 아름다울지 통념에 따라 그림을 완성해서는 안 된다. 무엇이든 그릴 수 있는, 어떤 방향으로든 나갈 수 있는, 어떤 해석이라도 가능한 '백지의 가능성'에서 기회를 엿봐야 한다.

만약 우리가 채택한 것이 모두 정답이었다는 가정하에 모든 일을

처리한다면 발전에 대한 희망은 거의 없을 것이다.[28]

– 오빌 라이트Orville Wright, '라이트 형제' 의 형

가정假定이란 "사실이 아니거나 사실인지 아닌지 분명하지 않은 것을 임시로 인정하는 일"이다. 논리학에서는 "결론에 앞서 논리의 근거로 어떤 조건이나 전제를 내세우는 일, 또는 그 조건이나 전제"를 가리킨다. 사전적인 정의에서도 볼 수 있듯 증거나 실증 과정 없이 '어떤 것이 사실로 받아들여진 상태' 인 것이다.

우리는 늘 비슷하게 주어진 일상 속에서 익숙한 것과 새로운 것을 접하며 자동적으로 '그것이 무엇이고, 어떻게 해석해야 한다' 는 가정을 하게 된다. 이 가정들은 대부분 과거 경험이나 교육에서 나온 것이다. 또한 사회의 편견과 획일화된 방식을 받아들인 결과이기도 하다.

물론 가정을 바탕으로 하는 이해, 의사 결정, 예측 등이 늘 나쁜 것만은 아니다. 여러 요인이 떠돌아다니는 복잡한 상황에서 현상을 대략적으로 이해하고 빨리 결정할 수 있도록 도와주기 때문이다. 그러나 가정의 틀만을 이용하는 것은 위험한 일이다. 세상이 어떻게 돌아가는지, 어떻게 변하는지, 어떻게 대응해야 하는지 생각할 때 시각을 좁게 만들 수도 있다. 특히 이해관계가 엮인 경우에는, 오히려 결함이 있는 토대에 의지하게 될지도 모

른다.

특히 우리는 확증 편향confirmation bias(자기 가정을 뒷받침하기 위해 끊임없이 그 증거를 찾는 데 몰입하는 경향)에 알게 모르게 깊은 영향을 받고 있다.[29] 새로운 환경 속에서 새로운 상황들을 예측할 때, 우리는 가정을 바탕으로 가설을 만들고 거기서 예측을 시작하려고 한다. 우리의 가설을 입증해주는 신호를, 그렇지 않은 신호보다 더 열심히 찾으려 한다. 그리고 그 신호를 찾은 경우, 그것이 사실이라고 의심 없이 믿곤 한다. 믿음에 맞지 않는 신호는 인지부조화를 불러온다.[30] 이 부조화를 효과적으로 줄이기 위해, 믿음에 맞지 않는 정보를 무시하려는 것이다.

더욱이 신호가 약해 인지부조화가 충분하지 못한 경우, 증거가 없으니 더더욱 자기 가설이 옳다고 밀어붙이며 더 큰 확증을 가지게 된다. 이 같은 악순환은 개인이 내려야 하는 결정뿐 아니라, 기업 매니저로서 미래를 추측하고 대응하는 데 한계를 가져오기도 한다. 후버Hoover와 다이슨Dyson, 그리고 코닥Kodak의 사례를 살펴보자.

후버와 다이슨_먼지봉투를 버릴 것인가 말 것인가

후버와 다이슨의 운명이 뒤바뀐 것도 시장에서 보내는 신호를 해석하는 데 '판에 박힌 가정'을 활용했느냐, 하지 않았느냐의 차이였다. 1908년 처음으로 진공청소기라는 상품이 공개되고, 이후 약 80여 년 동안 후버는 진공청소기 시장에서 절대적 우위를 유지한 마켓 리더였다. '여성을 위한 최고의 가사 도우미'라는 메시지로 시장을 리드하던 후버가 최고의 자리에서 물러나게 된 것은 2005년부터였다. 후버의 시장 점유율이 2004년 19.5%에서 2005년 13.5%로 떨어진 반면, 다이슨의 시장 점유율은 13.8%에서 20.7%로 커진다. 이후 다이슨은 2011년 영국 시장에서 약 40%, 미국 시장에서 약 27%의 점유율을 기록하며 진공청소기 시장의 독보적 리더 자리에 오른다.[31] 어떻게 이런 일이 일어났을까?

그것은 다이슨이 만들어낸 혁신적 가치를 후버가 미처 보지 못했기 때문이다. 앞서 말한 기존 가정과 확증 편향이 후버의 눈을 가린 탓이다. 흥미로운 점은 후버에게 다이슨의 신기술을 인수할 기회가 있었다는 것이다. 제임스 다이슨James Dyson이 다이슨 청소기를 내놓기 전까지, 전 세계 청소기는 먼지봉투가 달려 있는 모델이었다. 이 모델은 먼지봉투 속이 차면 흡입력이 약해지는 것이 단점이었다. 이를 보완해 1990년대 초, 다이슨은 원심력을 이용해 먼지봉투가 없어도 되게끔 만든 획기적인 진공청소기를 상용화하기 시작했다. 마치 탈수기에서 물이 빠지는 것처럼 원통 안의 먼지를 회전시켜 벽 쪽으로 몰리게 하는 원리였다.[32]

이 모델을 개발하기 위해 다이슨은 1979년부터 5년간 무려 5,000개가 넘는 시제품을 제작했다. 이때만 해도 그의 계획은 이 발명품을 유명한 전기청소기 회사에 파는 것이었다. 그러나 다이슨이 이 발명품을 내놓았을 때 안타깝게도 후버는 상당히 냉소적인 반응을 보였다. 미래에도 진공청소기 시장의 소비자는 먼지봉투가 달린 모델을 계속 사용하리라는 '가정'을 확신처럼 믿었기 때문이다. 그래서 봉투를 좀 더 편하게 교체할 수 있는 모델로 바꾸는 것이 더 나은 혁신 전략이라고 결론 내렸던 것이다.[33]

게다가 후버는 당시 약 5억 달러 규모였던 청소기 전용 먼지봉투 시장을 포기할 수 없었다. 이것이 후버가 다이슨을 인수하지 않은 결정적 이유였다. 다이슨의 발명품을 사들여 상용화한다면, 자신이 지배하고 있었던 먼지봉투 시장이 죽어버릴지 모른다는 우려가 컸던 것이다. 이러한 우려는 소비자들이 먼지봉투에 느끼는 불편과 불만을 눈감아버릴 만큼 강력했다. 그러나 얼마 못 가, 먼지봉투를 쓰는 청소기 시장이 다른 회사 때문에 죽고 마는 아이러니한 상황이 벌어지고 말았다. 뒤늦게 후회해도 소용없었다. 그제야 부리나케 먼지봉투가 필요 없는 진공청소기 시장에 뛰어들었지만 이미 마켓 리더로서 자리매김한 다이슨의 성장을 막을 수는 없었다. 때는 이미 늦은 뒤였다. 이후 후버는 1999년 다이슨과 봉투 없는 청소기의 주요 원리인 3중 와류 시스템Triple Vortex System 특허 분쟁에까지 휘말리게 되는데, 영

국 법정은 후버가 다이슨의 특허를 침해했다며 총 600만 파운드
를 손해배상하도록 했다.[34]

코닥_나를 망하게 한 것은 나

이와 비슷한 예는 코닥에서도 찾아볼 수 있다. 코닥은 조지 이스
트먼George Eastman이 1888년 창립해 사진의 혁명을 이끌었던 선
구적 회사다(그림 5). 1976년 코닥은 필름 시장에서 거의 90%, 사
진기 시장에서 약 85%의 점유율을 가질 만큼 큰 성공을 거두었
다.[35] 이른바 '코닥 모멘트Kodak Moment' 라는 그들의 마케팅 표어
가 '사진을 찍어 남길 만한 소중한 순간' 을 가리키는 사회적 아
이콘이 될 정도였다.

이런 코닥이 2012년 1월 19일 맨해튼 법정에서 파산 신청을
하게 된다.[36] 코닥이 디지털 시대에 제대로 대응하지 못해 파산
하게 된 점은 잘 알려져 있다. 그러나 코닥이 실은 세계 최초로
디지털 카메라를 발명한 업체라는 사실을 아는 이들은 많지 않
을 것이다.

코닥의 리더들은 사진기 업종에서 디지털 시장이 거대해질
것이라는 놀라운 예측을 하고 1975년 세계 최초로 디지털 카메
라를 개발한다.[37] 이는 그다음 모델인 소니Sony보다 6년이나 빠
른 혁신이었다. 그러나 코닥은 경쟁자들보다 훨씬 더 소극적으

그림 5_카메라를 가지고 다닐 수 있는 크기로 만든 코닥의 혁신을 보여주는 광고(1915년)

Item#: K0202 From the digital collection of Duke university.

로 혁신을 진행하고 만다. 자신이 만들어낸 혁신이 자신의 소중한 필름 시장을 잠식할까 걱정해서였다. 코닥은 소비자가 미래에도 여전히 사진을 전통 방식으로 찍고 현상하리라는 잘못된 '가정'을 확신처럼 믿었다. 그리고 이러한 가정 아래, 디지털 카메라보다는 필름을 현상하는 기계적인 혁신에 더 많이 투자한다.[38] 어찌 보면 이는 코닥이 그 당시 처한 경쟁 구도 때문이기도 했다. 당시 펩시콜라Pepsi-Cola와 코카콜라Coca-Cola에 버금가는 경쟁 구도가 코닥과 일본 브랜드 후지필름FUJI이었다.

1984년 LA올림픽에서 코닥이 독점 스폰서십을 따내려던 노력이 수포로 돌아갔고, 후지가 미국에 생산 단위를 설립하며 시장을 잠식하는 데 박차를 가하고 있었다. 이런 경쟁 구조에 몰입하다 보면, 그 이상의 것을 내다보기가 쉽지 않다. 코닥은 1980년 후반부터 소비자들이 디지털 카메라 쪽으로 움직이고 있는 시장의 신호를 무시하다가, 뒤늦게 잘못된 판단임을 깨닫고 1990년 디지털 시장에 부랴부랴 뛰어들었다. 그러나 이미 정해진 시장 안에서 자리를 선점한 경쟁사와 싸우기는 쉽지 않았고, 이후 급격히 몰락하게 된다.

혁신은 미래의 상황을 그려내는 것이다. 그리고 미래는 과거 현상의 반복이 아니다. 그럼에도 후버와 코닥의 경우에서 볼 수 있듯, 과거에 성공했던 모델에 대입해 미래 전략을 짜는 것은 어찌 보면 가장 쉽게 저지르는 오류다. 그래서 가장 무서운 오류라고 할 수 있다.

기업의 의사 결정자가 자신의 가설에 맞아떨어지는 정보들만 받아들일 경우, '미약하지만 중요한' 단서들을 무시해버리는 경향이 생긴다. 혁신을 통해 상대적 우위를 차지하려면 이 '미약하지만 중요한' 시장의 신호를 잡아낼 줄 알아야 한다. 강력한 신호들은 모든 기업이 알아낼 수 있고 대응할 수 있는 것들이다. 중요한 것은 '미묘한 신호'를 알아내기 위해 어떤 노력을 하느냐. 이때 가정을 바탕으로 생각하는 것은 전혀 도움이 되지 않는다. 과거 시장에서 우위에 있었던 회사들이 종종 그랬듯이, 자신들을 그 자리까지 오게 한 가정과 해석이 미래에도 지속될 것이라는 지나친 자신감도 더불어 주의해야 한다.

2

양적 데이터로 혁신의
밑그림을 그리지 말라

소비자들의 트렌드가 나날이 다양해지고 기술이 빠르게 발전하고 경영 환경 또한 급격히 변화하는 가운데, 미래를 예측하고 대응하는 일은 점점 더 어려워지고 있다. 이에 대한 자구책으로 기업들은 경영 결정에 도움이 될 데이터를 수집하고 분석하는 일에 더 많이 애쓴다. 기존의 방법은 '양적 데이터'의 수집과 분석에 집중하는 것이었다. 특히 최근 들어서 '빅 데이터Big data'를 활용해 미래를 예측하려는 노력들이 많이 진행됐다. 큰 사이즈의 샘플을 통해서, 과거 소비자의 거래 내용뿐 아니라 사회적·인구적 현상의 데이터까지 분석해 통합적인 그림을 얻고자 하는 것이다. 더 많은 양의 데이터를 이용하면 더 정확한 수적 추정 모델을 만들 수 있다는 논리다.

그런데 여기에도 맹점이 있다. 너무 많은 데이터를 포함하다 보면, 현실을 파악하는 데 알맞지 않은 데이터가 들어갈 확률도 그만큼 커지는 것이다. 좋지 않은 데이터라도 어마어마한 양을 집어넣고 세련된 분석 모델과 알고리즘을 개발해서 처리하면 의미 있는 지식을 생산할 수 있다고 믿는데, 이는 심각한 오산이다. 예컨대 소셜 네트워크 서비스SNS에서 오고가는 내용 가운데 별 의미 없는 잡담이 많다는 것을 떠올려보자. 그 잡담들을 많은 양에 걸쳐 분석한 결과 밝혀지는 사회적·인간적 지형 또한 정확하거나 새롭거나 중요한 정보가 아닐 확률이 높다.

더욱이 이 방법은, 오히려 '중요한 신호를 무시할 수도 있다'는 점에서 큰 문제다. 많은 데이터를 처리하다 보면 그것들이 공통적으로 제시하는 주제는 어렵지 않게 발견할 수 있다. 그러나 미약한 신호는 무시되는 경우가 많다. 다시 강조하지만 미래의 트렌드를 주도할 혁신의 아이디어는 '미약하지만 중요한 신호'를 얼마나 빠르게, 얼마나 정확하게 파악하느냐에 달려 있다.

데이터 분석 추정의 또 다른 약점은, 이미 일어났던 현상에 바탕을 둔다는 점이다. 변하지 않는 것이라곤 변하지 않는 게 없다는 사실 하나뿐인 세상이다. 더욱 중요한 것은 변화의 속도가 점점 빨라지고 있다는 점이다. 이 같은 시장 상황에서는 '과거는 과거일 뿐'이다. 과거를 가지고 미래를 예측하는 데는 무리가 따를 수밖에 없다. 이런 방법으로 혁신을 계획한다면, 많은 양의 데이터가 주는 잘못된 신호를 바탕으로 잘못된 가정에 따라 세상을 바라보게 된다. 실제 빅 데이터를 분석하는 프로그램을 개발한 학자들도, 기업이 여기에 의존해 결정을 내리는 것은 위험할 수 있다고 경고하며 '경험과 직관'의 중요성을 역설했다. 특히 혁신을 위한 노력에서라면, 숫자와 알고리즘이 줄 수 있는 정보는 한계가 있다.[39]

물론 점진적 혁신을 추구할 때, 특히 기술 발전을 강점으로 점진적 아이디어를 기존 상품에 부여해 경쟁력을 쟁취하려 할 때는 효과를 볼 수 있다. 시장에서 어느 정도 검증을 거친, 또는 마켓 리더로 자리 잡은 브랜드의 기존 의미와 성능을 보완해 향상시키려고 할 때는 '백지의 가능성'이 그리 필요하지 않을 수도 있다. 그러나 의미 있는 혁신으로 새로운 시장을 개발하고 경쟁적 우위를 쟁취하려는 상황이라면 다르다. 백지 상태에서 처음부터 시작하는 것을 두려워해서는 안 된다. 그렇다고 백지에서 시작하는 것이 '데이터 없음'을 뜻하지는 않는다. 실제 백지에서 가능성이 시작될 때는 초기 방향을 설정하는 것이 중요한데, 그러려면 중요한 데이터들이 필요하게 마련이다. 하지만 이때에도 디자인 주도 전략이라면, 숫자와 통계보다는 창의성과 통찰력에 의존할 것이다.

기업에서 실무를 하는 이들과 이야기를 나누다 보면, 우리의 현 경영 방식이 과거 데이터를 통해 미래를 예측하려는 성향이 강하다는 걸 알 수 있다. 흔히 '데이터를 가져와보라' 는 경영자의 요구는 '숫자를 통계 분석해 차트를 만들어 가져오라' 는 뜻이다. 과거에 무엇이 잘됐는지, 과거 소비자들이 무엇을 요구했고 어떤 부분에서 얼마나 만족했는지 등을 숫자를 통해 분석하는 것이다.

과거 정보의 중요성을 완전히 무시하라는 것은 아니다. 과거에 일어난, 과거로 입증할 수 있는 현상은 현 상황과 미래의 방향을 예측하는 데 어느 정도 도움이 될 수 있다. 하지만 미래를 예측하고 미래를 위한 혁신 아이디어를 만들어내는 일에서라면, 과거는 과거로 이해해야 한다. 새로운 지식과 정보의 양이 거의 무한대로 늘어나면서, 기업은 지식과 정보 자체가 주는 '세부적 내용' 보다는 그 정보를 바탕으로 '크고 중요한 의미를 그려내는 일' 에 더욱 중점을 두고 있다.

더욱이 정량적 분석에 의존하다 보면, 콘텐츠는 얻을 수 있을지 모르나 맥락을 얻지 못할 수도 있다. '무엇이 어떤 형태로 일어났는가' 에 대한 정보는 얻을 수 있으나 이 현상의 상황적·사회적 관계는 보지 못할 수 있다. 결국 어떤 현상의 총체적 이해와 통찰이 부족해질 수 있다는 것이다. 같은 현상도 다른 상황에서는 다른 형태로 나타난다는 점을 이해할 필요가 있다. CEO라

면 자신이 만든 상품이나 서비스의 소비자와 나누는 상호 작용
뿐 아니라, 그 소비가 일어나는 형태와 상황들 전반을 고찰할 수
있어야 한다. 데이터의 정량적 분석에만 의존하다가 실패한 대
표적 사례가 1980년대 코카콜라를 거의 망하게 만들었던 '뉴 코
크New Coke' 혁신이다.

뉴 코크_ 정량적 시장 조사가 실패로 돌아간 이유

1980년대에 십대 시절을 보낸 사람들이라면 대부분 기억할 것
이다. 뉴 코크는 1985년 코카콜라가 본래 조합을 은퇴시키며 내
놓았던 야심작이다. 제2차 세계대전 이후 코카콜라의 시장 점유
율은 거의 60%였으며 1950년경 코카콜라는 펩시에 비해 5대1
의 비율로 팔리고 있었다.[40] 그러던 것이 1980년에 들어서자 펩
시의 추격으로 20% 초반까지 떨어지게 된다. 이 난국을 헤쳐나
가기 위해 코카콜라는 '프로젝트 칸사스Project Kansas'라는 상품
혁신 프로젝트에 들어간다. 그 결과 탄생한 것이 뉴 코크였다.[41]

코카콜라가 혁신을 준비했던 데는, 펩시가 시도한 블라인드
테스트가 성공적인 효과를 거둔 영향도 있었다. 이 역시 기억하
는 이들이 많을 것이다. 1975년 펩시는 '펩시 챌린지Pepsi Chal-
lenge'라는 캠페인을 벌이는데, 일반 시민 지원자의 눈을 가리고
작은 컵에 있는 두 종류의 콜라를 마신 뒤 어떤 맛이 더 좋은지

고르게 하는 것이었다. 이에 응한 약 57%의 소비자가 펩시가 더 좋다고 대답했고, 펩시는 펩시를 고른 소비자들의 모습을 텔레비전 광고에 내보내며 코카콜라를 압박했다. 이 이벤트성 조사에 따르면 소비자들은 단맛을 선호하는 경향이 있었다. 펩시가 약간 더 달고 바닐라 향이 나며, 코카콜라는 약간 씁쓸하고 레몬 향이 난다는 결과였다.

이에 코카콜라는 막대한 예산을 들여 새 제품 개발에 나선다. 혁신의 대상은 맛이었고 그렇게 뉴 코크가 탄생했다. 이를 시장에 내놓기 전 코카콜라는 미각 실험은 물론 여론 조사, 포커스 그룹 인터뷰 등을 포함한 대규모 소비자 조사에 돌입한다. 그 결과 뉴 코크가 "펩시는 물론 기존 코카콜라보다 훨씬 더 선호도가 높은 것"으로 나왔다. 거의 20만 명을 상대로 한 블라인드 테스트에서 약 62%의 응답자가 뉴 코크를 선호한다고 대답했다.[42] 그렇게 높은 기대감을 안고 시장에 나온 뉴 코크의 결과는 어땠을까? 그야말로 참담한 실패였다. 그 이유가 무엇이었을까? 한 모금 마셨을 때는 단맛이 좋으나, 한 캔을 다 마실 경우에는 단맛 때문에 쉽게 싫증이 난다는 게 문제였다.

실제로 이렇게 한 모금 마시고 결정하는 시음 테스트에서 소비자는 단맛을 선호하는 경향이 있다. 이는 꼭 콜라 실험에서만 나타나는 현상은 아니다. 블라인드 테스트로 와인을 시음했을 때도 소비자는 단맛이 나는 종류를 더 선호했다고 한다.[43] 결국 사람들이 궁극적으로 선호했던 것은 약간 씁쓸한 뒷맛이었는데, 코카콜라가 이를 보지 못하고 소비자들이 대답한 단맛에 초점을 맞춰 뉴 코크를 만들었던 것이다. 그러나 누가 콜라를 사서 한 모금만 마시고 끝내겠는가? 텔레비전 앞에 앉아 미식축구를 보며 감자칩에 콜라 한 병을 다 마시는 데 익숙했던 사람들의 습관은 보지 못하고, '한 모금 마시고 판단하는' 블라인드 테스트의 57%라는 데이터에 근거해 혁신을 추진하는 오류를 범한 것이다. 곧 상품이 쓰이는 상황을 이해하지 않고 정량적 데이터에만 집중해서 생긴 실수다.

펩시와 달리 코카콜라는 미국의 역사를 대변한다. 특히 대공황과 세계대전을 함께 겪어낸 존재다. 가족들이 가난을 이겨내려 고생할 때, 총알이 빗발치는 전쟁터에서 전우와 금쪽같은 여유를 즐길 때, 그 와중에 시간을 쪼개어 그리운 가족과 함께할 때 나눠 마시던 '내 일부분'과 같은 존재였다. 사람들은 일반적으로 기쁘고 좋을 때보다 어렵고 힘들 때 함께한 친구가 더 소중하다고 느낀다. 그 의미가 얼마나 중요한지 까맣게 잊은 채 혁신을 진행했으니, 뉴 코크의 실패는 어쩌면 예견된 것이었는지도 모른다.

한 가지 재미있는 점은, 뉴 코크의 소비자 조사를 할 때 "코카콜라니까 사 마셨다"는 대답이 많았다는 것이다. 곧 맛이라는 속성 때문이 아니라 브랜드의 의미 때문에 선택했다는 뜻이다.

실제로 2003년 미국의 뇌 연구 팀이 펩시 챌린지 캠페인 당시 실험자의 뇌 반응을 자기공명영상MRI 기술로 분석한 적이 있다.[44] 블라인드 테스트 결과 약 반반의 피험자가 펩시나 코카콜라를 선호한다고 했고, 어느 쪽이든 뇌 반응도 비슷했으나, 시음 테스트 중 무엇을 마시고 있는지 알려주면 약 4분의 3 정도가 코카콜라에 긍정적인 반응을 보였다. 또 다른 팀의 소비자에게 두 번의 블라인드 테스트를 시도한 결과, 첫 번째 고른 것과 두 번째 고른 것이 다른 경우도 상당히 많았다. 다시 말해 시음, 그리고 맛이라는 것 자체가 소비자에게 갖는 의미는 그리 크지 않았다. 코카콜라의 실수는 '정량적 데이터'에 필요 이상으로 집중한 나머지, 전체 맥락과 브랜드 의미의 중요성을 놓치고 만 대표적 사례다.

이처럼 숫자 분석에 의존해 미래를 준비하는 것을 보면, 혁신에 따르는 위험을 관리하려는 경영자들의 애타는 심정이 잘 느껴진다. 예를 들어 비슷한 아이디어의 상품들을 2만 명의 소비자에게 테스트했을 때 어느 한 가지에 70%가 긍정적으로 반응했다면, 그것이 성공할 가능성이 마치 70%처럼 느껴지게 마련이다. 물론 데이터에 담긴 정보의 가치를 부정하자는 것은 아니다. 다만 데이터 주도의 혁신 방법에 의존하다 보면 자칫 중요한 의미적 혁신을 놓쳐버릴 수도 있음을 명심해야 한다.

　　정량적 데이터를 배경으로 과거와 현 상황을 어느 정도 분석하는 것은 분명 필요한 작업이지만, 거기서 점진적 혁신 그 이상이 나오기란 힘들다. 그보다는 '내가 보는 것, 내가 경험한 것, 내가 인지하는 것'이 무엇을 의미하는지 끊임없이 자신에게 묻고, 창의적인 발상과 시각으로 답을 구해야 한다. 이를 통해 새로운 아이디어를 새롭게 조합하고 연결할 수 있을지 궁리해야 한다. "왜 안 돼 Why not?"라는 창조적이고 긍정적인 관점으로 끊임없이 묻고 대답하는 과정이 필요하겠다.

3

창의성은 노력으로 길러지는 것이다

혁신을 논의할 때 가장 중요하게 언급되는 자질은 '창의성'이다. 혁신은 말뜻 그대로 없던 것을 만들어내는 '창조'와 자연스럽게 연결되는 작업이다. 창조가 가능하려면 창의성이라는 속성이 반드시 필요하고, 때문에 창의성은 혁신을 도모하는 경영인들에게 중요한 역량이다. 스티브 잡스가 이끈 애플의 성공 신화 이후, '기업 리더의 창의성이 기업의 혁신 성공과 얼마나 밀접한 관계를 가지고 있는가'에 대해 사회적 관심이 부쩍 커졌다. 아울러 어떻게 하면 창조적인 인재를 발굴할 수 있는지, 어떻게 하면 창의성을 키우는 조직을 만들 수 있는지에 대해서도 관심이 상당히 크다.

내가 CEO를 대상으로 강연에 나설 때 받는 질문들 가운데 대표적인 것도 '스티브 잡스의 전략 결정과 수행 능력'에 관한 것이다. 특히 "잡스의 성공 비법인 '창의성'은 선천적으로 타고나는 것이냐, 후천적으로 학습할 수 있는 것이냐"에 대해 궁금증이 많다. 이때마다 내가 들려준 대답은 한결같다.

"창의성은 어느 정도는 타고나지만, 후천적으로 길러지는 면이 더 크다고 생각합니다."

많은 사람들이 창의적 능력은 동물적 감각이자 본능이며, 특별한 유전자를 가지고 태어난 사람들에게만 주어지는 특성이라고 생각한다. 한마디로 '아무나 용한 점쟁이가 될 수는 없다'고 믿는 것이다. 그러나 내 생각은 다르다. 창의력, 특히 의사 결정에 중요한 영향을 미치는 창의력은 오히려 '경험을 바탕으로 한 일련의 사고 과정'으로 보는 것이 더 정확하다.

또한 창의적인 아이디어는 근거 없이 순간적으로 떠오르는 생각이 아니다. 이것은 오랜 시간 다양한 경험을 바탕으로 현재의 의미를 끄집어내는 문제 해결 능력이다. 스티브 잡스가 다양한 경험의 소유자라는 사실은 익히 알려져 있다. 스티브 잡스는 어린 시절부터 잡다한 분야에 관심이 많았다. 그 결과 많은 경험을 했으며, 거기서 우러나온 영감을 제품 생산과 기업 전략에 적용해 결국 신화에 가까운 성공을 거두었다. 초기 매킨

토시_{Macintosh, Mac}의 강점이었던 컴퓨터 폰트 디자인도, 잡스가 대학 시절 전공과 상관없이 들었던 붓글씨 수업에서 영감을 받은 것이었다. 결국 잡스는 사소한 경험을 재해석해서 컴퓨터 인터페이스 디자인에 활용할 수 있는 연결 고리를 만든 것이다.

"창의성, 특히 창조적 사고 능력을 키우려면 어찌해야 하나요?" 디자인으로 명성이 높은 대학에서 전략을 전공하는 교수로 있다 보니, '창의성'에 대해 많은 질문을 받곤 한다. 창의성에 대해서는 심리학, 사회학, 인류학, 의학 분야에 걸쳐 많은 연구와 토론이 진행되고 있다. 그러다 보니 여러 관점에서 다양한 의견들이 있겠지만, 사람들이 내게 묻는 것은 주로 '예술과 디자인과 경영적 측면에 창의성이 어떻게 긴밀히 연결되는지, 곧 어떻게 창의성을 높일 수 있는지'에 대한 것이다. 이와 관련해 나는 영산대학교 최은영 교수와 뜻깊은 프로젝트를 진행한 일이 있다.

파슨스대학에서 디자인을 가르치고 있는 여러 교수들에게 '자신이 강조하고 높이 평가하는 창의성이란 무엇인가'에 대해 긴 인터뷰를 진행한 적이 있다. 그리고 그 결과를 교차 검증하기 위해, 이 교수들의 수업을 들은 학생들에게도 '자신이 교육받고 고무됐던 창의적 사고 체계란 무엇인가'에 대해 인터뷰했다. 특히 파슨스에 다니고 있는 한국 학생들에게는 '한국에서 받은 디자인 교육과 파슨스에서 받은 디자인 교육의 창의적 방법에는 어떤 차이가 있는지' 집중적으로 질문했다. 그렇게 나온 연구 결과는 상당히 흥미로웠다.

흔히 창의성이라 하면 우리는 독창적인 것, 위험이 뒤따르는 것, 상상된 적이 없는 것, 들리지 않거나 보이지 않는 것 등의 이미지를 떠올린다. 물론 이런 측면들도 없지는 않지만, 이 연구를 통해 밝혀진 의외의 사실은, 창의적인 사고와 그 결과물이 많은 경우 "통합 능력ability to integrate, 생각의 깊이thoughtfulness, 심사숙고 deliberation, 끈질김tenacity에서 나온다"는 것이다. 또한 새로운 것을 창조하려면 경험과 지식, 그것을 끊임없이 생각하고 응용해서 "엮어내는 능력ability to connect moving dots이 필요하다"는 것이다.

특히 교수들의 인터뷰에서 강조된 것은 "경험의 다양성과 깊이"였다. 어찌 보면 파슨스가 디자인 명문이 될 수 있었던 것도 세계 현대 문화의 중심지인 뉴욕 맨해튼에 위치하고 있다는 강점 덕분인지 모른다. 폭넓은 경험을 할 때 우리의 시야는 넓어지고, 기존 관점과 다른 아이디어에 대해 너그러운 마음을 가질 수 있다. "다양한 현상과 사물을 편견 없이 바라볼 때" 우리의 사고와 감정이 깊어질 수 있다는 것이 이 인터뷰 대상자들의 공통된 의견이었다. 또한 폭넓은 경험과 지식 자체도 중요하지만, 창의적 발상은 거기서 한 발 나아가 "경험과 지식을 바탕으로 영감을 도출하고 적용하는 능력"이며, 이런 능력은 "전문성을 바탕"

으로 한다는 것을 강조했다.

다시 강조하건대 이 모든 과정에서 '가정을 버리는 태도'는 대단히 중요하다. 왜냐하면 가정은 경험의 다양성과 깊이에 제한을 두거나 영감을 도출해내고 적용하는 과정을 편협하게 만들 수 있기 때문이다.

한편 학생들의 답변은 더욱 흥미로웠다. 먼저 한국 학생들에게 한국식 디자인 교육에 대해 질문했을 때, "무엇을 어떻게 해야 교수가 원하는 작품을 만들어낼 수 있는지 그 정답이 비교적 확실하다"라는 대답이 많이 나왔다. 또 한국에서 디자인을 배울 때에는 '완벽함'이 중심이 된다고 했다. 디자인적으로 무언가를 묘사할 때, "정해진 과정을 따라 정답이라 생각하는 결과를 구현하는 것이 가장 중요하다"라는 대답이었다.

이런 교육 방식에 익숙했던 학생들에게, 파슨스에서 경험한 디자인 교육에 대해 질문했다. 그랬더니 그들은 공통적으로 "교수가 무엇을 원하는지 잘 몰라서 너무 힘들다"라고 대답했다. 또 방향도 너무 난해하게 제시해서, "도대체 무엇을 어떻게 해야 할지 알 수가 없었다"라고 토로했다. 예를 들어 뭔가 잘못됐다고 생각됐을 때, 차라리 한국에서처럼 직접 고쳐서 보여주면 속이 시원할 텐데 이마저도 여의치 않다고 했다. 교수가 개인적인 의견을 이야기하되 최종적인 판단은 학생에게 전적으로 맡기는 교육 방식 또한 너무 달라 적응하기가 쉽지 않다는 것이다.

힘들게 유학까지 와서 디자인 실력도 쌓고 학점도 잘 받고 싶었던 학생들로서는 무척 고민스러웠을 터였다. 특히나 디자인 작품의 개선점에 대해 이야기를 나눌 때 학생들의 고민은 더욱 깊어졌다.

"너는 이에 대해 어찌 생각하니?"
"어떻게 하면 더 좋아질까?"
"이게 무슨 의미니?"
"왜 이런 방향과 표현을 선택했지?"
"다른 것은 없을까?"

이처럼 폭넓고 난해한 질문들을 마구 던지니 말이다. 이런 생소한 교육 방법 때문에, 어서 빨리 문제 해결법을 찾아 과제를 완성하고 싶은 학생들은 머리가 아프고 가슴이 답답했을 것이다. 더 큰 문제는 디자인적 능력만으로 해결될 수 있는 것이 아니라는 데 있었다. 철학, 미학, 인류학, 경영학 등 지극히 다양한 학문 분야의 지식과 사고를 필요로 하는, 오랜 시간 공부하고 익히고 느껴야 할 성질의 것이었다.

결국 이런 경험을 통해 학생들이 배운 핵심은 '중요한 것은 디자인적 속성의 완성이 아니라는 사실' 이었다. 다시 말해 디자인이 나오기까지 그 이면에서 이루어지는 독창적이고 다양하며 깊이 있는 사고 과정, 그 자체가 중요하다는 것이다. 이것을 프로세스 중심의 문제 해결 방법process oriented problem solving이라고 한다. 힘든 과정을 통해 학생들은 대략 두 가지를 터득할 수 있었고, 마침내 강박에서 벗어날 수 있었다고 한다.

첫째, 교수가 이야기하는 내용을 자기 자신이 해석하고 받아들이는 것이다. 곧 '교수가 무엇을 원하느냐'가 아니라 '내가 어찌 해석하고 보느냐, 이렇게 해석하고 보는 근거가 무엇이냐'가 중요하다. 더욱이 학생들은 결과에 도착하기 위해 건너가고 뒤집어봤던 크고 작은 시도와 프로세스들을 중시해야 한다는 것을 배웠다고 했다.

A(시작)에서 B(결과)로 가는데 그냥 바로 갔는지, C와 D를 거쳐 갔는지, C K E C C D J를 거쳐 갔는지에 따라 내용이 전혀 다르다. 어떤 과정을 거치며 거기서 무엇을 배웠는지가 중요하기도 하지만, 무엇보다 이런 과정을 거치려면 여러 샛길을 돌아보고 많은 시도를 해야 한다. 그렇기 때문에 만약 B에 문제가 있고 발전이 필요할 때, 또는 B의 결과를 더 풍부하게 만들고 싶을 때, 어디로 다시 돌아가서 시작해야 하고 어디서 다른 시도가 나와야 하는지 고찰하기 쉽다. 또한 B의 결과가 생각보다 좋지 않다면, 문제점을 발견하고 왜 그런가 통찰하는 데도 더 효과적이다.

둘째, 본인이 구상한 작품의 명확한 의도와 아이디어가 있으면, 결과물의 기술적 완성도가 조금 떨어지더라도 그 아이디어를 창의력으로 인정받고 평가받을 수 있다는 점을 깨달았다고 했다. 결국 창의성은 자신이 어떤 생각을 하는지, 어떻게 해야 아이디어가 더 좋아질 수 있는지, 그 아이디어의 의미가 무엇인지, 어떤 방향과 방법으로 구현될 수 있는지, 지금과 다르게 볼 수 있는 가능성은 없는지에 대해 끊임없이 묻고 대답하는 과정 속에서 길러진다. 이것이 바로 프로세스 중심의 문제 해결 방법에서 강조하는 점이다.

또한 이는 남의 것을 벤치마킹한 것인지, 창의적으로 엮어낸 것인지 판가름하는 잣대가 되기도 한다. 다른 분야도 마찬가지겠지만, 디자인에서 특히 조심해야 할 문제가 남의 아이디어를 도용하는 것이다. 아이디어를 도용하는 것도 문제지만, 도용하지 않은 것을 도용했다고 주장하는 경우도 비일비재하다. 이런 분쟁이 있을 때 관건이 바로 프로세스다. 비슷해 보이는 결과라도 어떤 과정을 거쳐 나왔는지 따져볼 자료가 될 수 있다.

OutRun

4

그림은 가끔 거꾸로 볼 때
더 잘 보인다

우리가 어떤 의사 결정을 할 때 '가정'을 앞세우는 것은, 그게 더 쉽고 덜 두렵기 때문이다. 우리의 사고방식은 이전의 사고와 경험을 바탕으로 조금씩 나아가는 데 익숙하다. 하얀 도화지에서 시작하기가 너무 어렵다면, 기존 그림을 한번 뒤집어보라.

앞서 말한 프로젝트에서 교수들이 받은 또 다른 질문 가운데 '학생들의 창의성을 끌어내기 위해 사용하는 방법'이 있었다. 인터뷰 결과 여러 가지 방법들이 언급됐는데, 모든 방법의 가장 중요한 시작점은 '기존의 이해, 즉 기존의 아름다움에 대한 믿음과 편견을 흐트러지게 하는 것'이었다. 예를 들어 어느 교수는 학생들에게 상당히 익숙한 '비주얼 큐'를 준 다음, 이것을 구성하는 요소를 쪼개고 재조합해서 처음 제시한 것과 완벽히 다른 것을 만드는 과제를 내주었다. 제시된 비주얼 큐가 무엇이었다는 가정을 완전히 버리고, 이런 구성 요소가 무엇을 만들 때 쓰인다는 생각을 떨쳐내면서 자신이 알고 있는 기존 시스템을 벗어나는 연습을 한 셈이다.

기존 사실들을 놓고 반대로 이리저리 돌려보는 연습들은, 혁신 전략을 만드는 데 많은 도움을 준다. 이는 또한 프로세스 중심의 문제 해결 방법에서 반드시 거쳐야 할 과정이기도 하다. 또한 어떤 산업에서 모두가 사실이라고 가정하는 부분을 뒤집어 상품 개발이나 구성에 차별화를 꾀하는 방법의 기초가 된다.

기존 산업에서 기존 상품 모델, 서비스 형태, 그리고 소비자 행동이나 소비 상황, 경영 방식에 관련된 관행이나 관습들을 뒤집어보라. 그다음 뒤집힌 가정이 어떤 의미를 가질 수 있을까 고민해보라. 뒤에 나올 자라ZARA의 예에서도 볼 수 있듯, 이런 접근 방법에서 종종 거작을 만들 수 있는 비즈니스 아이디어가 나오곤 한다. 아니면 적어도 기존 상품과 차별화하는 데 성공할 수 있는 중요한 인사이트가 생겨난다.

먼저 기존의 기업적 행동이나 시장 상황에 대한 가정을 뒤집어 성공한 예가 폭스바겐의 비틀Beetle이다. 한국전쟁을 비롯한 모든 세계 전쟁이 끝난 1960년대를 기점으로 미국의 경제와 기술은 급속히 발달하기 시작했다. 동시에 소비 시장 또한 풍요로워졌다. 이 시기 자동차 시장이 갖고 있던 기존의 가정은 '소비자는 큰 차를 선호한다'는 것이었다. 하지만 이때 독일의 폭스바겐은 이 가정을 거꾸로 뒤집어 미국 시장에 내놓았다. "작은 것을 생각하라Think Small." 폭스바겐 전에는 그 어떤 미국 자동차 제조 브랜드도 '자동차'가 '작다'는 개념을 떠올리지 않았다. 이처럼 굳건한 가정을 뒤엎은 발상은 폭스바겐을 신선한 이미지로 각인하기에 충분했다. 폭스바겐은 '효율적이고 경제적인 차'라는, 전에 없던 비즈니스 모델로 시장을 공략해 큰 호응을 얻어낼 수 있었다.

버버리도 가정을 뒤엎은 접근 방법으로 어려운 시기를 잘 헤쳐나간 예라 할 수 있다. 영국의 버버리는 1856년에 세워진 오랜 전통의 명품 의류 액세서리 브랜드다. 잘 알려져 있듯이 버버리는 창립자 토머스 버버리Thomas Burberry가 디자인한 트렌치코트와 1920년도에 디자인된 버버리체크로 탄탄한 입지를 세워나갔다. 그러다 2000년대에 들어와 여러 가지로 힘든 상황을 맞이하게 되는데, 바로 버버리의 체크무늬가 영국의 하류 문화 계층인 채브chave의 교복이 된 것이다. 명품 브랜드로서 가장 피하고 싶은 상황에서 버버리는 역발상으로 길을 찾는다. 명품 브랜드의 기존 가설이었던 '명품 로고를 제품 밖에 드러내 보이는 방법'을 버리고, 체크를 제품 안감으로 사용하는 혁신적인 방법을 선택하며 브랜드 이미지를 다시 구축하는 데 성공했다.

애플 아이튠즈의 가격 모델도 기존 가정을 뒤엎은 사례다. 비단 음악 유통 시장만의 문제는 아니겠지만, 잘 팔리는 상품이 잘 안 팔리는 상품보다 가격이 높게 책정된다. 잘 팔리는 상품의 가격을 올리는 것은 힘들 수 있으나, 잘 안 팔리는 경우 가격을 내리는 것은 통상적인 방법이다. 또한 새로운 음반은 지난 음반보다 더 비싼 가격이 책정되는 것이 일반적이다. 실제 구매 데이터를 이용해서, 소비자의 선호도에 따라 가격을 달리 제시하는 알고리즘을 만들어 사용하는 회사들도 있다.

그러나 애플은 아이튠즈로 음악을 내보내며, 그 음악이 전에 얼마나 잘 팔렸는지, 지금 얼마나 유행하는지, 새 음반인지 옛 음반인지 상관없이 모든 상품을 0.99달러에 제공했다. 이러면 소비자가 상품 구매를 결정하는 순간에 가격이라는 중요 요소가 빠지게 된다. 다시 말해 자신이 선호하는 음악을 선택하는 데 집중할 수 있도록 유도한 것이다. 가격이라는 비교 종목이 없어지다 보니 선택이 쉬워지고, '가격이 싸서가 아니라 음악이 좋아서 구입한 것'이라는 상황이 만들어진다. 선택에 들어가는 고민과 노력은 줄고, 자기 선호에 맞는 상품을 구입한다는 만족감이 커진다. 이것이 곧 아이튠즈라는 브랜드에 대한 충성심으로 이어진 것이다.

한편 칸딘스키에 관한 재미있는 일화도 있다. 칸딘스키는 화가이자 철학자로 현대 미술 발전에 큰 영향을 미친 인물이다. 특히 10개작으로 구성된 그의 '콤포지션 Composition 시리즈'는 현대 추상화의 발전에 크나큰 기여를 한다.

그가 이 시리즈 중 '콤포지션 IV'를 완성하려고 오랜 기간 부단히 노력하던 즈음이다. 지친 몸을 쉬게 하려고 산책을 나간 사이, 그의 약혼자였던 가브리엘 뮌터 Gabriele Munter가 집 안을 청소하다 의도치 않게 이젤 위의 그림을 옆으로 돌려놓았다. 산책에서 돌아온 칸딘스키는 그렇게 놓인 그림을 보자마자 무릎을 꿇으며 울음을 터뜨렸다고 한다. 옆으로 돌려진 그림이 바로 자신이 추구하던 그 이미지였기 때문이다.

이처럼 상황을 돌려 보고 가정을 뒤엎는 접근 방법으로 기존과 전혀 다른 모델과 마켓을 창조한 예는 너무나도 많다. 그중에서 테슬라 Tesla와 스퀘어 square, 그리고 자라의 경우를 살펴보자.

테슬라_왜 전기 자동차는 경제적이어야 하나?

2013년 많은 사람을 깜짝 놀라게 한 브랜드가 있다. 미국의 저명한 자동차 매거진 〈모터트렌드 Motor Trend〉가 선정한 '2013년 올해의 차'에 모델 S를 올려놓은 테슬라다. 60년 넘는 전통을 자랑하는 이 상을 BMW, 포드 Ford, 혼다 Honda, 도요타 Toyota 등이 내놓은 모든 신형 모델을 제치고 테슬라가 받은 것이다. 대중이 잘 모르는 신생 브랜드가 이런 영광을 차지한 것도 놀랍지만 더욱 놀라운 것은 이 차가 100% 전기로 가는 전기 자동차라는 사실이다.[45]

전기 자동차는 사람들이 생각하듯 새로운 콘셉트가 아니다. 실제 전기 자동차의 원리는 가솔린이나 디젤 엔진을 사용하는 방식보다 먼저 고안됐다. 1840년경 영국의 사업가 로버트 앤더슨Robert Anderson이 전기로 가는 마차를 발명한 것을 시작으로, 1800년대 후반을 지나며 전기 자동차에 많은 발전이 있었다.[46]

1900년 초반에는 전기 자동차가 우리에게 익숙한 휘발유 구동 방식의 차보다 더 많이 팔리기도 했다. 그러나 1920년경 원유 가격이 급속히 떨어져 휘발유 구동 방식 차량이 점차 저렴해지고 크기 또한 작아지면서 전기 자동차의 수요가 급격하게 줄어들었다. 그러다 1930년 들어와서는 거의 사라지게 된다. 전기 차에 대한 관심이 다시 살아난 것은 2000년 들어와 지구 온난화와 환경오염 문제가 커지면서부터다.[47] 일본 브랜드를 중심으로 전기 차의 실용화가 진행되면서 어느 정도 상용화와 대중화에 성공한 사례가 혼다의 핏Fit과 재즈Zazz, 도요타의 야리스Yaris 정도다. 이에 비하면 테슬라는 전기 자동차 시장에서도 신흥 브랜드라 할 수 있다.

테슬라의 창업자는 엘론 머스크Elon Musk로, 온라인 결제 시스템 회사 페이팔PayPal의 공동 창립자 중 한 명이다. 페이팔을 이

베이_{eBay}에 넘기며 얻은 이윤을 모아 2003년에 세운 회사가 바로 테슬라이다.[48] 어떻게 이런 후발 주자가 혼다, 도요타, 포드, GM 등 덩치 큰 공룡들이 먼저 상용화를 시작한 시장에서 돌풍을 일으킬 수 있었을까? 물론 우수한 급발진과 전기 전동 동력을 가능하게 한 기술력이 큰 바탕이 됐지만, 그보다는 테슬라가 시장에 내놓은 전기 자동차의 혁신적 의미 때문이었다. 테슬라는 기존 전기 자동차의 관념과 전제를 완전히 뒤집은 모델이었다.

기존 전기 차가 소비자에게 주는 가장 중요한 의미는, '자신은 환경을 생각하는 사람'이며 '자신의 소비가 사회에 좋은 영향을 미친다'는 것이었다. 또한 휘발유 비용이 걱정일 때, 짧은 거리나 시내 주행에 적합한 차라는 의미를 만들어나갔다. 이에 가격대도 낮추고 연비에 중점을 두며 어필하려고 노력했다. 곧 기존 전기 차가 소비자에게 어필하려 했던 점은 '경제성'과 '논리성'이었다. 이것은 사실 전기 차가 해결해야 하는 전동 기술과도 연관이 있다. 휘발유 전동 방식에 비해 무거운 전동 배터리 때문에, 자동차의 크기나 구동 능력을 늘리는 데 한계가 있었다.

그러나 테슬라는 환경을 생각하는 소비가 반드시 경제성과 연결돼야 할 필요는 없으며, 그것이 꼭 자신의 허영심을 버리며 추구해야 할 것은 아니라는 메시지를 던진다. 테슬라의 모델 S는 전기 차를 스포츠카라는 카테고리에 접목해, '환경을 생각하는 소비가 자신의 허영심까지 동시에 만족시킬 수 있다' 는 점을 보여준다. 그리고 이런 의미는 기술 개발에 완전히 새로운 방향성을 만들어낸다.

이전의 전기 차 기술은 한 번의 충전으로 갈 수 있는 거리를 늘리기 위해 자동차를 더 가볍게, 자동차 배터리를 더 작게 하는 데 중점을 두었다. 그런데 테슬라의 기술 개발은 배터리의 무게를 줄이는 것이 아니라 배터리의 구동 성능을 높이는 쪽으로 나아갔다. 그래서 배터리는 더 크고 무거워졌으나, 그것을 차 뒤쪽에 넣어 끌어야 하는 무게를 늘리는 대신, 차 밑으로 들어가게 디자인해서 가속 후 무게가 주는 구심력을 이용할 수 있도록 만들었다.[49] 대신 차 전체 무게가 너무 늘어나는 것을 조절하기 위해 차의 본체를 강판 아닌 알루미늄으로 제작했다. 높은 가격, 어느 스포츠카에도 뒤지지 않는 초기 가속력과 멋진 디자인으로, 소비자의 허영심과 세련된 이미지 구현을 만족시킨다는 이미지를 시장에 던진 것이다.

시장은 테슬라의 이런 혁신적인 아이디어를 꽤 오랫동안 회의적인 눈으로 바라보았다. 특히 높은 가격대의 차를 사는 소비자층에게 BMW, 벤츠Mercedes-Benz, 포르셰Porsche 등의 전통 명품 브랜드 대신 전기로 가는 스포츠카가 어필할 거라고는 선뜻 믿지 못했던 것이다. 그러나 테슬라는 혁신적 의미와 혁신적 기술력의 조합으로 미국 시장을 휩쓸었으며, 설립 10년 만인 2013년

2/4분기에 흑자로 돌아선다. 2010년 6월 약 17달러로 나스닥에 상장했던 테슬라 주식은 2013년 1월 약 33달러를 치며 2배로 뛰었고, 2013년 8월 말 기준 168달러로 올해 들어서만 약 5배가 넘게 상승했다.[50]

스퀘어_왜 좌판 상인들은 현금만 받아야 하나?

스퀘어는 2009년 회사 창립 이래 2010년 서비스가 시작된 신흥 회사다. 이것의 비즈니스 모델은 비자Visa나 마스타 카드Master Card의 멤버가 돼 비즈니스를 하는 사람들에게, 소비자가 크레디트 카드credit card나 데빗 카드debit card로 지불한 내역을 처리해주는 서비스다. 씨티뱅크Citibank, 뱅크오브아메리카Bank of America, 체이스뱅크Chase bank 등 큰 금융 기관들이 대표적이다. 우리나라에서는 하나은행, 신한은행, 국민은행 등이 예가 될 수 있고, 온라인 모델로는 페이팔이 있다.

현금을 잘 사용하지 않는 미국에서는 크레디트 카드를 받지 않으면 장사를 하기가 상당히 어렵다. 크레디트 카드로 지불한 비용을 처리하려면 앞서 말한 서비스에 어느 정도 비용을 내고 회원이 되어야 한다. 하지만 비즈니스 규모나 회사 재정에 관한 특정 조건들이 있어서, 개인이 개인에게 물건을 팔 때나 아주 작은 회사일 경우에는 그러기가 어렵다.

이 모델의 아이디어는 스퀘어의 창업자인 잭 돌시 Jack Dorsey가 친구를 돕고자 한 데서 시작했다. 잭 돌시는 트위터의 창업자이기도 하며 스티브 잡스만큼이나 창의적인 아이디어로 비즈니스 모델을 선도하는 혁신가로 명성이 높다. 1976년생의 젊은 경영자인 그는 트위터와 스퀘어를 성공시키며 2012년 〈월스트리트저널 Wall Street Journal〉이 선정한 '올해의 혁신가 상'에 뽑히기도 했다.[51]

잭 돌시의 친구인 짐 맥켈비 Jim McKelvey는 유리 세공사로, 작은 스튜디오에서 작품을 만들어 파는 일을 했다. 이런 소규모 가게는 크레디트 카드를 받을 수 없었고, 손님이 현금이 없을 경우 그냥 떠나버리는 일이 허다했다.[52] 이런 고민으로 두 사람이 머리를 맞댄 끝에 '지불에 대한 콘셉트'를 뒤집어엎은 것이 바로 스퀘어의 출발이다.

이제껏 우리는 자잘한 물건을 파는 노점상의 경우, 크레디트 카드를 받지 않는 것을 당연하게 여겼다. 또한 많이 보아서 쉽게 그려지겠지만, 보통 크레디트 카드 처리는 케이블이나 유무선 인터넷 망으로 연결된 크레디트 카드 터미널을 통해 회사의 클리어런스 clearance를 받은 뒤 영수증을 종이에 찍어내는 것이 대부분이었다.

스퀘어는 이런 모든 전제와 형태를 뒤집는다. 공짜로 주어지는 '스퀘어 리더 square reader'라는 작은 디바이스를 모바일 디바이스(휴대폰이나 태블릿)에 장착만 하면 개인이건 작은 회사건, 어디에서든 소비자의 크레디트 카드 지불을 처리할 수 있게 만들었다(그림 6). 특히 스퀘어는 다른 모델과는 달리 개통비나 월 회비를 요구하지 않고, 거래가 이뤄질 때만 비용을 지불하는 방식이다. 어찌 보면 비즈니스 주류에서 소외받은 계층에게 단비 같은 모델이라 하겠다.

길거리 노점상에서 잡화를 파는 사람도, 집에서 만든 작은 액세서리를 집 앞 차고에서 팔고 싶은 사람도, 간단한 수리 서비스를 적은 사람들에게 제공하고 싶을 때도, 특별히 큰 절차나 도구 없이 휴대폰만 있으면 크레디트 카드를 처리할 수 있게 한 것이다. 영수증을 찍어내는 프린터도 필요 없다. 비용을 지불하는 순간 예쁘게 디자인된 전자 영수증이 소비자의 이메일이나 휴대폰에 찍힌다.

스퀘어는 여기서 멈추지 않고 소비자의 실시간 정보를 접목한 더 많은 혁신을 시도하며, 이제껏 존재하지 않았던 무대에서 누구보다도 힘차게 전진하고 있다. 그리하여 2013년 〈패스트컴퍼니〉가 선정한 '가장 혁신적인 회사'에 다섯 번째로 선정되기도 했다.[53] 생긴 지 얼마 안 된 회사가 애플, 페이스북, 구글, 아마존의 바로 다음 자리를 차지하는 쾌거를 이룬 것이다. "왜 안 돼?"라고 물으며 가정을 흔드는 접근 방법으로 온라인 결제 비즈니스의 기존 관념을 완전히 바꾼 급진적 혁신의 결과다.

그림 6_스퀘어

Picture by courtesy of Square, Inc.

스퀘어의 비즈니스 혁신 철학은 디자인적 경영 전략이 제시하는 방향과 일치한다. 혁신은 결국 사람을 위한 것이다. 기존 모델이 별로 관심을 두지 않던 사회 구성원의 복지 증진에 공감하고, 거기에 디자인적 감각을 창의성으로 조합해, 소비자가 쓰기 쉬운 가장 단순하고 절제된 모양을 높은 완성도로 내놓은 것이야말로 인간 중심 혁신의 아주 좋은 예가 아닐 수 없다.

자라_의류 산업의 아웃사이더 등장

기존 의미를 뒤집어 새로운 혁신 아이디어로 비즈니스 모델을 창조하는 것은 꼭 이런 신흥 사업, 신흥 브랜드에만 해당되는 얘기가 아니다. 기존 산업에서도 의미를 혁신적으로 뒤집어 새 모델을 창조해 시장을 이끄는 좋은 예가 있다. 바로 자라다. 자라는 혁신적인 패스트 패션Fast Fashion(시즌의 패션을 바로 시장에 내놓는 것) 모델의 선두 주자다. 자라의 비즈니스 모델은 의류 산업의 경영 방식, 관행, 생산 모델, 유통 모델, 상품 구성, 거기에 연관된 소비자 행동과 소비 상황 모두 정반대로 접근해 큰 성공을 거둔 대표적 경우다.

자라는 스페인을 대표하는 회사 가운데 하나인 인디텍스Inditex의 의류 브랜드다. 이 기업의 오너인 아만시오 오르테가Amancio Ortega는 약 570억 달러의 재산을 가졌는데, 멕시코 텔레콤 회사

아메리카모빌America Movil의 오너인 카를로스 슬림 엘루Carlos Slim Helu와 빌 게이츠Bill Gates에 이어 세계 세 번째 갑부다. 4위에 오른 워렌 버핏Warren Buffett보다 약 40억 달러를 더 가지고 있다.[54] 경쟁이 심하고 이윤의 마진이 작은 의류 사업으로 이런 부를 축적할 수 있었다니 놀랍기 그지없다.

의류 산업은 가격 경쟁이 심하고 소비자의 선호가 크게 바뀌기 때문에, 시장의 위험을 관리하려면 보통 생산 가격을 낮춘다. 그러려면 질 좋은 노동을 비교적 싸게 제공하는 개발도상국가에서 공급을 찾는다. 하지만 자라는 산업계에서 흔히 통용되는 이런 가정을 뒤집고, 의류 시장 상황에서도 글로벌 소싱이 아닌 국내 생산으로 경쟁력을 가질 수 있다는 비전의 모델을 세운다.

자라의 각 분과별 최고 브랜드들과 패션 포어캐스터forecaster들이 선보인 따끈따끈한 런웨이 패션은 그 누구보다 빨리 소비자가 즐길 수 있는 모델을 만들겠다는 의미의 혁신을 추구하고 있다. 그런데 의류 산업 관행인 '싼 노동을 찾는 글로벌 소싱'은 이런 의미를 구현하는 데 적합하지 않다. 왜냐하면 국내 디자인팀의 디자인이 저임금 생산국에서 만들어져 바다를 건너오기까지 적어도 6개월이 걸리기 때문이다. 이에 자라는 과감히 국내 생산을 선택한다. 대신 부동산 가격이 대체로 낮고 교통, 특히 비행기의 접근성이 좋은 스페인 북쪽 알테이소라는 지역에 모든 디자인팀과 생산팀, 생산 창고를 배치했다. 디자인팀이 결정한 디자인을 생산 라인에 실시간으로 보내고, 생산한 의류들을 완전히 자동화된 시설을 통해 바로바로 옆 창고로 옮겨서, 비행기에 실어 전 세계로 공수하는 시스템을 만든 것이다. 이 시스템이야말로 이른바 패스트 패션 비즈니스에서 가장 핵심적인 혁신 모델이었다.

의류 산업처럼 트렌드가 자주 바뀌고 실제 수요를 예측하기 쉽지 않은 산업에서 가장 중요하게 다뤄지는 것이 재고 관리다. 그래서 시즌 중에 잘 팔리는 아이템은 떨어지기 전에 공수하고, 잘 안 팔리는 아이템은 크게 세일하는 것이 기본적인 관행이었다. 그러나 자라는 여기서도 기존 가정을 완전히 뒤집는 전략을 도입했다. 잘나가는 아이템이 떨어져도 다시 만들어 매장에 내놓지 않았다. 상품을 한정된 양만 만들어 팔게 되면, 마음에 드는 물건이 있어도 세일 때까지 구매를 미루는 소비자들 수가 상당히 줄어든다. 기다리는 동안 그 아이템이나 사이즈가 다 팔리면 다시는 살 수 없다는 점을 소비자 스스로 잘 알고 있기 때문이다.

이미지를 팔고 소비자 욕구를 만들어야 하기에 광고 예산을 상대적으로 크게 잡는 것도 의류 산업의 관행 중 하나다. 그러나 자라는 TV나 잡지 광고에 예산을 거의 배분하지 않고 있다. 대신 세계 대도시의 가장 비싼 자리에 가게를 마련해, 세련되게 디자인한 상품 매장을 최고의 광고 수단으로 활용했다. 이 같은 전략을 통해 자라가 소비자들에게 전하고자 하는 메시지는 바로 이것이었다.

우리 브랜드는 중저가지만, 당신이 이 매장 안으로 들어오는 순간, 마치 명품 매장에서 물건을 고르는 듯한 즐거움을 경험할 것이다.

이 또한 중저가 의류 소비의 의미를 뒤집었다. 비록 싼 물건을 산다 해도 경험마저 싸구려일 필요는 전혀 없다고 강조하며, 절약한 광고 비용을 고급스런 매장을 운영하는 데 쓰고 있는 것이다.

이처럼 기존 아이디어와 모델을 역으로 발전시켜나가는 것은 혁신 아이디어를 만드는 데 상당한 효과가 있다. 우리가 통상적으로 바라보고 있는 것이 꼭 정답이 아닐 수 있다는 사고방식에 익숙해지는 것이 중요하다. 이는 무엇인가를 관찰할 때, "그것이 무엇이다"라는 정형화된 정의 없이 인식을 시작하는 것과도 같다.

박사 과정에서 통계학을 배우던 당시 '그레인저 인과율Grainger Causality'이라는 원리를 접했다. 이는 어떤 사물을 이해하고 인과 관계를 파악할 때 주의해야 할 오류에 대한 것이었다. 다시 말해 인과 관계가 없는 현상들을, 그것이 발생한 어떤 상황 때문에 원인과 결과로 착각하지 않도록 주의해야 한다는 것이다.

예를 들어 우리가 비행기를 타고 있다고 생각해보자. 심한 기류 변화에 비행기가 요동치기 직전 앞쪽에서 작은 붉은 등이 켜지며 시트 벨트를 착용하라는 사인이 뜬다. 이때 '붉은 등과 시트 벨트 사인'이 비행기가 흔들리기 전에 종종 나타난다고 해서, 이 신호가 비행기를 흔들리게 하는 원인이라고 생각하면 안 된다. 친구에게 이와 비슷한 농담을 들은 적이 있다. 날씨가 더워지기 전부터 반바지를 입고 다녔는데, 그로부터 일주일 뒤 날이 더워졌고, 그래서 마치 자신이 반바지를 입어서 여름이 온 것 같다는 이야기였다.

일상에서 이 같은 인과 관계의 오류를 범하지 않는 것은 물론 중요하다. 그러나 이 같은 착각을 완전히 무시하는 것도 좋지 않다. 오류일지라도 이런 역발상에서 새로운 혁신이 탄생할 수 있기 때문이다.

몇 년 전 여름, 소공동 거리를 지나가던 중 어떤 간판에서 재미있는 글귀를 봤다.

여름이 와서 매미가 우는 것이 아니라, 매미가 울어서 여름이 오는 것이다.

이 재치 있는 문구에 흐뭇한 웃음이 절로 나왔다. 틀을 벗어난 접근 방법, 가정을 깬 사고방식이 어찌 보면 아주 당연한 현상을 달리 볼 수 있는 유연한 시각에 도움을 준다는 점을 기억하라. 이것이 애플이 1997년 성공적으로 내세웠던 "다르게 생각하라Think Different"의 메시지다. 재미있는 사실은 이것이 문법적으로 맞지 않는 문장이라는 것이다. 제대로 된 문장이 되려면 "Think Differently"여야 한다. 다르게 생각하라는 메시지를 전달하되, 가정과 기존 틀을 깨야 혁신이 가능하다는 애플의 의지를 담아낸 의도적 오류였던 것이다.

/ 3장 /

뭔가 다른
의미의 통찰력을 끌어내라

1
소비자에게
혁신을 묻지 말라

혁신은 아이디어가 필요하다. 이를 위해 우리가 이제껏 가장 많이 사용했던 방법은 소비자에게 묻는 것이었다. 의미는 소비자가 만들어 부여하는 것이고, 기업은 소비자가 부여한 의미를 찾아내기 위해 노력해왔다. 곧 브랜드 혁신의 아이디어를 위해 '소비자를 이해하고 관찰해 그들이 상품군에 부여하는 의미를 찾아내고 강조하는 것'이 중요하다는 전제였다.

사실 이런 접근은 점진적 혁신에서는 아주 중요한 요소다. 소비자가 현재 어떤 상품을 쓰는지, 어떤 방식으로 구매를 결정하는지, 소비 방향에 영향을 주는 요소가 무엇인지 관찰하면 제품의 기능성, 활용성을 크게 높일 수 있기 때문이다. 그러나 이런 방법은 급진적 혁신으로 시장 우위를 쟁취하는 데에는 별 도움이 되지 못한다.

혁신은 소비자를 위한 것이다. 결국은 그들이 선택한 혁신이 시장에서 살아남고 번영한다. 그러나 명심하라. 소비자는 아는 것만 말하고 아는 대로만 행동한다. 그리고 아는 것은 이미 과거의 일이다. 과거의 연장은 급진적 혁신과는 상반되는 개념이다.

급진적 혁신을 통해 마켓 리더십을 쟁취하기 위해 가장 먼저 강조해야 할 점은, 소비자에게 혁신 아이디어와 방향을 구하는 기존의 혁신 프레임을 버려야 한다는 것이다.

아직 보지 못하고 경험하지 못한 것을 소비자가 어찌 알 수 있겠는가? 더욱이 소비자들은 이미 아는 것을 답할 때도 많은 인지적 오류를 범한다. 스티브 잡스 역시 소비자들의 오류에 대해 이렇게 지적했다.

아직 본 적이 없다면, 그들 스스로 원하는 게 무엇인지 어떻게 알 수 있을까요? 자신이 원하는 것을 아는 것은 소비자의 역할이 아닙니다.[55]

이는 혁신이 목적이 아니더라도 마찬가지다. 실제로 소비자에게 물어서 얻은 정보는 오류일 확률이 적지 않다. 내가 하고 있는 연구 중에 이를 보여주는 아주 단순한 증거가 있다. 약 1,000명의 피험자를 대상으로 특정 정보를 얻을 수 있는 지정된 웹사이트를 4개월 동안 사용하게 한 후, 피험자들에게 이 웹사이트를 지난 1개월간, 그리고 4개월간 얼마나 자주 방문했는지 물었다. 그렇게 설문한 답변지와 웹사이트 시스템에 컴퓨터로 기록된 자료를 비교해 보니 피험자가 설문에 대답한 방문 숫자와 그들이 실제로 방문한 숫자에는 큰 차이가 있었다.

특히 기간이 길어질수록, 다시 말해 4개월간의 방문 수가 1개월간의 방문 수보다 오차가 더 컸다. 1개월 방문 수의 경우에도 실제 기록에 가까운 대답은 10%도 되지 않았다. 평균적인 오차값은 약 2배로, 곧 실제 수치보다 2배 정도 빗나가 있었다. 질문의 내용이 '설문 대상자의 자아와 사회적 편견을 건드리는 경우' 오차는 더욱 커졌다. 예를 들어 피임약을 얼마나 자주 사용하는지, 아이들과 얼마나 많은 시간을 함께 보내는지, 도박을 얼마나 자주 즐기는지 등 예민한 질문을 할 경우다. 그들로서는 이런 질문에 솔직히 답할 이유가 별로 없었을 것이다.

이런 설문 조사를 보완하는 방법으로 종종 관찰 방법이 쓰인다. 소비자에게 직접 묻기보다는 소비자가 실제 상황에서 자연스럽게 행동하고 결정하는 모습을 지켜보며 필요한 정보를 얻는 방법이다. 미국의 한 시리얼 회사에서 '시리얼 브랜드를 결정할 때 아이들의 의사가 얼마나 반영되는지' 파악하고자 엄마들에게 설문 조사를 실시했다.[56] 설문 조사에서 많은 엄마들이 '아이들의 영향력이 그다지 크지 않다'고 대답했다. 그러나 마트 안에 비디오를 설치하고 관찰한 결과, 엄마와 아이가 함께 장을 볼 때 아이들이 손을 뻗어 자신들이 좋아하는 브랜드의 시리얼을 쇼핑 카트에 던져 넣는 경우가 대부분이었다. 엄마들의 대답이 실제 상황과 달랐던 이유는 무엇일까?

엄마들이 아이들의 행동을 제대로 기억하지 못했을 수도 있다. 아니면 아침 식탁에 꽤 큰 영향을 끼치는 시리얼을 어린 자녀가 선택한다고 인정하고 싶지 않았을 수도 있다. 어쨌거나 이 같은 관찰은 설문 조사의 맹점을 보완해 사실에 좀 더 가까운 정보를 제공해준다.

그러나 관찰 또한 점진적 혁신에서 중요한 정보를 제공할 수 있을지 모르지만, 급진적 혁신으로 마켓 리더십을 쟁취하는 데에는 효과적인 방법이 아니다. 왜냐하면 소비자는 '아는 대로만, 늘 하던 대로만' 행동하기 때문이다. '아는 대로, 하던 대로'란 앞서 언급한 대로 과거 경험을 바탕으로 한 접근법이다. 과거를 통해 미래의 급진적인 의미를 발견하기란 쉽지 않다. 게다가 '일어나지 않았고 본 적도 없는 경험'에 대해서라면 소비자에게 묻는다고 해도 그리 큰 정보를 얻을 수 없다. 세계 최초로 대중화된 모델 T 자동차를 성공시킨 헨리 포드Henry Ford의 유명한 말 중에 이런 게 있다.

내가 만약 소비자에게 무엇을 원하느냐고 묻고 그에 따랐다면, 지금쯤 나는 더 빠른 마차를 만들기 위해 노력하고 있었을 것이다.[57]

실제로 혁신적 아이디어나 상품을 시장에 내놓고 소비자에게 테스트할 때, 허위 응답으로 인한 오류가 발생할 확률이 적지 않다. 성공할 수 있는 아이디어와 상품임에도 소비자 조사의 반응이 나쁘게 나와 사라지는 경우도 비일비재하다. 소비자는 현재의 의미를 이야기할 수 있을 뿐이라는 사실을 명심해야 한다. 경험하지 못한 것에 대해 물어봐야, 과거의 경험을 바탕으로 평가하고 답할 뿐이다. 이런 상황에서 혁신을 진행할 것인지, 말 것인지 현명하게 결정하려면 R&D팀의 능력과 CEO의 통찰력이 필요할 것이다.

이를 잘 보여주는 사례가 허만밀러Herman Miller의 에어론 체어Aeron Chair다. 애플의 아이폰만큼이나 혁신의 대명사로 불리는 제품이 바로 에어론 체어가 아닐까 싶다. 이 의자는 '소비자의 대답으로 혁신을 평가하는 기존 방법'의 맹점을 명확히 보여주는 예다. 또한 R&D팀의 능력과 헌신이 혁신 전략에 얼마나 중요한지 잘 보여주기도 한다.

에어론 체어_이게 제대로 완성된 의자인가요?

미국 미시간에 위치한 허만밀러는 오피스 가구 업계의 마켓 리더다. 오래전부터 '급진적 혁신'이라는 기업의 비전을 제시, 평범한 오피스 가구에 시대를 앞서가는 디자인과 의미를 제시해 성공 가도에 올랐다. 허만밀러를 처음 세상에 알린 것은 '액션 오피스 시리즈Action Office Series'였다.

1960년대 회사 사무실들은 대체로 넓은 공간에 책상들이 줄지어 늘어선 형태였다. 사람들은 앞사람의 등을 바라보며, 주변의 소음과 타인의 시선에 노출된 채 업무를 봤다. 그렇게 줄지어 정돈된 책상들 앞에 관리자나 팀장의 책상이 마주 보고 있는 구조였다. 책상들이 줄지어 늘어선 가운데 맞은편에 교탁이 놓여 있는 교실을 연상하면 될 것이다.

액션 오피스는 이런 상황에서 벗어나 '사무실 안의 개인 공간'이라는 의미를 제시하며, 개개인에게 어느 정도의 개별 공간을 마련해주는 시스템을 1964년 처음 세상에 선보였다. 허만밀러는 이를 위해 간편하게 이동할 수 있는 '큐비클Cubicle'이라는 혁신적 상품을 내놓는다.[58] 큐비클이 시대에 따라 다양한 찬사와 비판을 모두 받기는 했지만, 액션 오피스는 그때까지 존재하지 않았던 '자기만의 오피스 공간'이라는 경험과 의미를 제시해, 허만밀러가 시장의 강자로 나서는 데 큰 힘을 불어넣어주었다(그림 7).

그림 7_ 여전히 수요가 많은 허만밀러의 액션 오피스 시리즈
Picture by courtesy of Herman Miller, Inc.

허만밀러의 수많은 혁신적 제품 중 베스트셀러는 단연 1994년 출시된 에어론 체어다. 허만밀러는 전 세계 어디에서도 볼 수 없었던 오피스 의자의 혁신을 이뤄냈다. 돈 채드윅Don Chadwick과 빌 스텀프Bill Stumpf가 함께 제작한 이 제품은 '오피스 의자가 보통 이런 것'이라는 전제를 뒤엎는 작품이었다(그림 8).

평범한 오피스 의자는 오래 앉아 있으면 허리가 아프다는 단점이 있었다. 좀 더 편안한 의자라고 해봐야 엉덩이와 허리 부분에 푹신한 패딩이 있고, 이 패딩은 오랫동안 눌려도 모양이 잘 변하지 않아야 하기에 주로 합성섬유로 만들어진다. 허만밀러는 오래 앉아 있어도, 패딩이 없어도, 합성섬유를 쓰지 않아도 편안한 신모델을 만들어냈다. 인체 공학적인 의자 디자인을 완성해내기 위해 허만밀러의 디자인팀과 리서치팀은 약 10년이라는 오랜 기간 동안 수없이 많은 연구를 해냈다.[59] 이 노력의 결과가 바로 에어론 체어다.

에어론 체어는 '이전 오피스 의자 모양과 의미가 전혀 다른 혁신'이었다. 의자는 다리가 4개여야 한다는 고정관념을 깼고, 패딩이 전혀 들어가 있지 않은 신축 재료를 엮어 구멍이 송송 난 엉덩이, 허리 받침대를 만들었다. 친환경적 소재라는 개념이 처음 도입된 의자였다. 결과는 오래 앉아 있어도 허리에 무리가 가지 않는, 친환경적 모던 디자인의 정수로 나타났다. 소비자가 오피스 의자 상품군에서 이제껏 한 번도 경험하지 못했던 의미와

그림 8_돈 채드윅과 빌 스텀프가 함께 제작한 에어론 체어

Picture by Courtesy of Herman Miller, Inc.

디자인을 제시한 혁신이었다.

재미있는 것은 1992년 에어론 체어를 시장에 내놓기에 앞서, 허만밀러가 미시간에서 소비자 테스트를 실시했을 때 나온 반응이었다.[60] "어딘가 허술해 보이는데, 이게 제대로 완성된 의자인가요?", "이 부분에 패딩을 더 넣으면 좋을 것 같네요" 등 이때 나온 반응은 거의 대부분 '이것이 무엇이냐' 는 반문이었다. 신상품이 시장에 나가려면 소비자 테스트에서 10점 만점에 보통 7.5점 정도를 받아야 했는데, 당시 에어론 체어는 약 4.5점에 그쳤다. 특히 의자의 '모양' 에 대한 사람들의 반응이 굉장히 좋지 않았다. "의자가 마치 괴물처럼 생겼다"는 대답까지 있었다. 하지만 허만밀러는 10년 넘게 새로운 의자의 의미를 고안하고 창조했던 R&D팀과 디자이너들의 능력을 굳게 믿었다.

마침내 1994년 시장에 선을 보인 에어론 체어는 보란 듯이 성공을 거두었다. 당시 약 1,000달러가 넘는 고가였으나 실리콘밸리의 사무실용 의자로 불티나게 팔려나갔으며, 아직까지도 허만밀러의 특허 받은 오피스 상품 가운데 최고의 효자 노릇을 하고 있다. 소비자들에게 괴물 같다는 비난을 받았던 그 디자인은 현재 세계적 미술관인 모마MoMA에 영구 컬렉션으로 전시되고 있다.

더불어 이 의자에는 사람들에게 잘 알려지지 않은 비하인드 스토리가 있다. 이 의자를 창조한 키 디자이너 중 한 사람인 빌 스텀프가 인체 공학적이고 편안한 의자를 만들고자 긴 시간 노력했던 것은 어머니의 영향이 컸다. 의자는 앉아 있는 시간이 많은 사람들에게 생활의 질을 결정하는 중요한 인생의 도구다. 그의 어머니는 노인학을 전공한 간호사였는데, 병원에서 노인들이 휴식하는 공간에 마련돼 있는 레이지보이La-Z-Boy라는 의자가 노인들에게 얼마나 적합하지 않은지 항상 그에게 말하곤 했다. 레이지보이는 당시 푹신한 의자의 대명사로, 깊은 쿠션과 커다랗고 무거운 프레임으로 마치 큰 소파를 의자로 만들어놓은 것처럼 생겼는데, 다리가 약한 사람들은 앉거나 일어날 때 큰 불편을 겪었다. 에어론 체어는 바로 이런 사람들을 고려해 개발된 것이었다.[61] 빌 스텀프가 쿠션이 없는 의자를 만들기 위해 수많은 실패를 감내하고 10년이라는 시간을 쏟아부은 이유가 여기에 있었다. 자신의 어머니가 늙어서 쓰실 의자를 디자인하고자 했던 것이다.

이런 스토리는 이제부터 강조하고자 하는 포인트의 완벽한 예라 할 수 있다. 바로 '공감'이다. 혁신의 핵심이 되는 정보가 소비자에게 물어서 나오지 않는다면 어디에서 찾아야 할까? 기술 혁신에서 소비자가 주가 되지 않듯, 의미의 혁신도 소비자가 주가 되어서는 안 된다. 기술력을 통한 혁신이 전문가의 전문성과 창의성을 요구하듯이, 혁신을 위한 의미 있는 아이디어의 개발 또한 전문성과 창의성을 요구한다. 혁신은 전문성과 창의성이 충만한 전문가가 소비자의 눈으로 보고, 느끼고, 경험하며 답을 구해야 한다. 이 과정에서 특히 '의미 있는 의미'를 찾아내는데 가장 중요한 것이 바로 '공감'이다.

2
소비자의 눈으로
보고 느끼고 경험하라

의미 있는 의미를 찾아내는 원동력 중 하나인 '공감'은 연민이나 동정과는 조금 다른 개념이다. 연민이나 동정이 머릿속 생각으로 상황을 받아들이는 것이라면, 공감은 자신이 고스란히 '상대방의 처지가 돼 그 상황을 마음으로 느끼는 것'이다.

물론 연민이나 동정도 상대방의 욕구와 필요와 어려움 등을 이해하는 데 많은 도움을 준다. 연민이나 동정만으로도 다른 사람을 도울 수 있고 해결책을 모색할 수 있다. 그러나 공감은 여기서 한 발 더 나아간다. 상대방이 처한 상황에서 갖고 있는 능력 범위를 이해하는 것, 나아가 사회와의 관계까지 바라보는 것이다. 지금 그 같은 상황에 처한 바로 그의 처지가 되어 그의 눈으로 바라보고 그의 사고방식으로 생각하고 그의 마음으로 느끼는 것이다. 또한 그가 처한 상황에서 가능한 해결책을 생각하는 것이다. 실제 이런 방법은 인류학에서 연구팀이 데이터 수집을 위해 많이 사용하는 방식이다.

2012년에 컬럼비아대학교 국제관계대학원SIPA에서 방문교수로 일한 적이 있다. 이 학과에는 아프리카 저개발국가의 기근과 질병을 퇴치하고 경제적 도움을 주고자 하는 사회적 혁신 프로젝트가 많이 진행되고 있다. 평소 가까이 지내는 친구 한 명도 이 프로그램의 박사 과정에 있었는데, 아프리카 말라위의 말라리아 퇴치를 위한 일을 하고 있었다. 이 프로젝트에 참여하는 일에는 대단한 헌신이 필요했다. 그 친구만 해도 아프리카로 떠나기 3주 전부터 말라리아 예방 주사를 맞고, 다녀와서 또 3주 동안 주사를 맞아야 하는 형편이었다. 그런 과정을 몇 차례씩 반복하다 보면, 아무리 예방 주사라지만 간 기능이 심각하게 떨어진다고 한다. 이것을 해마다 되풀이해야 하니 웬만한 사람들로서는 견뎌내기 힘든 노릇이다. 그런데 이런 상황을 걱정할 때마다 그 친구는 정작 정말 힘든 건 따로 있다고 말하곤 했다.

아프리카에는 우리나라가 옛날에 경험했던 '보릿고개' 비슷한 시기가 있다. 매년 농사를 짓고 그다음 농작물이 나올 때까

지, 식량이 무척 귀한 때가 찾아온다고 한다. 날씨가 무척 더운
데 가뭄까지 겹쳐 작물을 거둬들일 수 없는 그 기간이 꽤 길어
서, 어리고 약한 많은 아이들이 말라리아가 아니라 기근 탓에 죽
어간다는 것이다. 이런 상황이라면 어떤 해결책을 제시할 수 있
을까? '연민'을 통해 문제를 해결한다면, 기근 동안 농작물을 구
입해서 나눠줄 수 있으리라. 그러나 이런 해결책은 지속되기가
힘들다. 농작물을 어디서 구입해서 어떻게 운반하느냐는 물론,
사회 질서가 잡히지 않은 환경에서 공평히 배분하는 것도 쉽지
않은 문제이기 때문이다.

그런데 이곳에서 실제로 살아가는 그들의 처지가 돼서, 다시
말해 '공감'을 통해 문제를 고민하다 보면, 이런 기근의 근본적
인 문제가 따로 있음을 깨닫게 된다. 그곳 사람들은 보관이나
저장의 개념 자체를 갖고 있지 않다. 그래서 풍요롭게 농사를
짓고도 그것을 저장해두지 않고 농작물이 다 없어질 때까지 그
냥 먹는다고 한다. 저장할 공간이나 시스템이 따로 없기에, 음
식이 썩기 전에 먹을 수 있는 만큼 모두 먹어 살을 찌워두는 것
이, 보릿고개를 견디는 방식이 됐다는 것이다. 친구는 말라위
사람들이 남은 농작물을 거래하고 저장하는 시설을 만들고 보
관할 수 있도록 방법을 가르치고 있으며, 보릿고개를 맞아 이를
적절히 분배하는 모델을 제시하고 있다고 전했다. 그들로서는
한 번도 경험해보지 못한 혁신적 모델이었고, 현재까지 좋은 성

과를 거두고 있다.

공감을 통해 자신이 다른 누군가가 돼서 그 상황과 필요를 몸으로 깨닫고 느끼는 접근 방법이 아니고는 이런 해결책을 제시할 수 없다. 우리의 급진적 혁신도, 다른 사람의 처지가 돼서 직접 몸으로 부딪치며 느끼는 공감의 전략을 충분히 활용해야 성공 가능성이 커질 것이다.

옥소 굿 그립_늙어가는 아내를 위한 선물

1990년 주방용품 시장에 옥소OXO international라는 회사가 혁신적 상품들을 앞세워 과감히 뛰어들었다. 재료 다듬고 음식 만드는 주방용품에 도대체 어떤 혁신이 가능했을까? 옥소는 평범했던 가재도구에 이제껏 누구도 생각하지 못했던 인체 공학적 아이디어를 적용해, '식칼과 국자를 사용할 때 손이 아프지 않아야 한다'는 의미를 제시했다. 이 같은 의미를 만든 사람은 콥코Copco라는 주방용품 회사에서 은퇴하고 집안 살림을 거들던 샘 파버Sam Farber였다.

샘의 부인 벳시Betsey는 요리하는 것을 굉장히 좋아했다. 은퇴후 두 사람이 함께 즐기기 시작한 것 중 하나가 요리였는데, 벳시가 나이가 들어 손목에 관절염이 생기면서 음식을 조리할 때마다 고통을 호소하기 시작했다. 사랑하는 부인이 주방용품 때문

그림 9_옥소 굿 그립 주방 기구들

Picture by courtesy of OXO International, Inc.

에 힘들어하는 모습을, 평생을 동고동락한 남편으로서는 가만 두고 볼 수 없었다. 게다가 주방용품에 대해서만큼은 누구 못지 않은 전문가 입장에서 말이다. 이후 그는 영국의 디자인 컨설팅 회사인 스마트디자인과 함께 연구한 끝에, '옥소 굿 그립OXO Good Grips Kitchen Tools'을 내놓게 된다(그림 9).[62] 사랑하는 아내를 위해 시작했지만 이 혁신은 갈수록 심해지는 인구 고령화 시대에 정확히 부합하는 것이었다. 나이가 들수록 손과 손목 관절에 문제를 느끼는 사람이 많다. 2002년 미국에서는 약 6,600만 명, 영국에서는 약 800만 명이 이 같은 신경통으로 고생하고 있다는 조사 결과도 있었다.[63]

이와 더불어 굿 그립에는 '어린아이들이 부모 또는 조부모와 부엌에서 함께 시간을 보낼 때도 유용하다'는 의미까지 더해진다. 제품 출시 후 옥소는 1991년에서 2004년까지 연 35%라는 급성장을 기록한다.[64] 타인, 이용자, 아내의 고통을 '공감'해 그 고통을 자기 것처럼 느끼고 해결해나간 샘 파버의 마음이야말로 그 성공 요인이었다. 충분한 공감을 통해 의미의 혁신이 가능하다면, 경제적 성공은 절로 따라오게 되어 있는 것이다.

치타_주변의 선입견보다 내가 원하는 삶이 먼저

2008년 7월 2일 〈뉴욕타임스The New York Times〉에는 "신체 보조

장구의 진화"라는 기사가 실렸다. 기사의 상당 부분은 치타Chee-tah라는 의족을 개발한 반 필립스Van Phillips의 특별한 개인사로 채워졌다.[65]

사고로 팔다리를 잃거나 불구로 태어난 사람들을 위한 의수, 의족의 역사는 인류 역사만큼이나 길다. 이런 의수, 의족은 제2차 세계대전과 한국전쟁 이후 그 형태와 기능에 별다른 변화가 없었다. 전통적으로 의족이나 의수를 제작할 때 가장 중요한 '의미'는 그것을 이용하고 있다는 사실을 남들이 되도록 눈치채지 못하게, 곧 혐오감이 들지 않게 하는 것이었다. 다시 말해 장애에 대한 편견 어린 시선을 견뎌야 하는 이용자 자신과 가족, 더불어 타인을 위한 배려가 핵심인 것이다. 이런 의미를 전제로 의수, 의족 시장은 그동안 '조금이라도 더 진짜 같은 재질과 기능과 형태'의 인공 팔다리를 만드는 혁신을 지향해왔다.

이렇게 역사가 깊은 의미를 완전히 뒤바꿔놓은 브랜드가 있다. 바로 치타다. 필립스가 만든 '플렉스풋Flex-Foot'이라는 의족은 마치 다이빙보드를 다리에 끼워 넣은 듯한 모양이다. 탄소 섬유 재질로 만들어진 그것은 누가 봐도 실제 사람의 다리와는 전혀 다르게 생겼다. 왜냐하면 필립스가 이 제품에 부여한 의미 자체가 달랐기 때문이다. 팔다리가 없다는 것을 숨기는 것이 아니라 '팔다리가 있다면 즐길 수 있었을 라이프스타일을 가능하게 하는 의족'이야말로 필립스가 고안해낸 혁신의 의미였다.

건강하던 청년 필립스는 어느 날 수상스키 사고로 왼쪽 무릎 아래를 잃는다. 그의 나이 겨우 스물한 살 때의 일이었다. 누구 못지않게 밝고 씩씩하고 활동적인 필립스에게 중요했던 것은 '남들이 내 장애를 어떻게 바라볼까' 가 아니었다. '내가 즐기던 라이프스타일을 앞으로도 어떻게 변함없이 즐길 수 있을까' 였다. 이후 그는 노스웨스턴 의과대학의 교정보조기구센터에서 공부하며 '자신의 꿈' 을 실현할 의족 연구에 매진한다. 본인이 그런 상황에 처했기에 시장에 대해 '공감' 할 수 있었던 것이다.

그러나 1970년대 말에는 이런 의미를 이해하고 그 가능성을 내다볼 수 있는 사람이 거의 없었다. 필립스는 치타의 소재와 디자인을 '아무런 투자 없이' 집에서 오븐으로 구워내며 제작하고 실패하기를 반복한다. 그렇게 무수한 연구와 시행착오 끝에 마침내 1984년 '플렉스풋Flex-Foot Incorporated' 이라는 회사를 설립했다. 이후 그는 자신과 같은 처지의 장애인들에게 큰 공감을 얻는다.

특히 '남의 시선을 의식하지 않고 내가 추구하는 라이프스타일을 즐긴다' 는 의미는 외모에 민감한 여성 시장에서도 큰 호응을 얻는다. 에이미 멀린스Aimee Mullins는 선천적인 기형으로 한 살이 되기 전에 두 다리를 잃었다. 그런 그녀가 플렉스풋을 착용하고 일반인보다 더 씩씩하게 인생을 즐기는 모습을 보여줬다. 배우로서, 운동선수로서, 모델로서 어느 누구보다 활발하고 멋있는 삶을 살아가며 많은 사람의 귀감이 되고 있다. 장애를 감추기보다는 그것이 '나'라는 인격체의 중요한 일부라 생각하고, 남의 시선보다 나의 삶을 강조하며 사는 것이 중요하다는 점을 보여준 것이다. 치타는 이런 의미를 발견하고 내세운 덕에, 운동용 의족 시장에서 거의 90%에 달하는 시장 점유율을 기록할 수 있었다.

필립스의 노력은 여기서 끝나지 않는다. 〈뉴욕타임스〉의 기사는 현재 그가 치타를 조금 더 값싸게 개발해 아프리카의 지뢰 희생자들에게 제공하려 애쓰고 있다며 이렇게 끝을 맺는다.

가장 큰 장애는 장애인들의 상상이다. 필립스가 치타를 사용하고 있는 것을 보기 전까지, 너무나 많은 장애인들이 다시 쉽게 걸을 수 있다는 걸 믿지 못한다.[66]

두 다리가 없는 장애인이 올림픽 육상 무대에 서는 날이 오리라는 것을, 치타 이전에는 세상 그 어떤 장애인도 비장애인도 상상하지 못했다. 이런 급진적인 혁신은 절대 '고객의 입에서 나오지 않는다'는 반증이기도 하다.

탐스_공감에 근거한 나눔의 승리

탐스TOMS는 '원 포 원one for one' 이라는 1대1 기부 모델을 만들어 낸 혁신적 기업이다. 원 포 원은 탐스의 신발을 한 켤레 구입하면, 같은 신발 한 켤레가 신발이 필요한 제3세계의 어린이에게 전달되는 비즈니스 모델이다. 탐스의 이 같은 혁신은 반드시 비영리 조직의 모델을 따르지 않아도 얼마든지 기부할 수 있다는 사실을 보여준다. 이윤 추구를 궁극적인 목표로 하는 사기업에게도 '기업의 사회적 책임' 이란 더 이상 낯선 개념이 아니다. 그런데 지금까지 이런 개념은 기업의 주 비즈니스 모델이 아니라, 기업 이익이나 기업 구성원의 근무 시간 일부를 사회봉사나 저소득층, 빈민 국가 이웃들에게 기부하는 형식이었다. 하지만 탐스가 만들어낸 혁신은 '사회적 책임' 이라는 아이디어를 '사기업 비즈니스 모델' 에 융합한 혁신 사례라고 할 수 있다.

2006년 블레이크 마이코스키Blake Mycoskie가 설립한 탐스는 '선행을 통한 성공' 이라는 기업 비전을 가지고 있다. 이 같은 아이디어는 마이코스키가 부에노스아이레스에 폴로게임 여행을 가면서 시작된다.[67] 여행지에서 게임을 즐기던 그는 어린아이들이 신발 없이 돌아다니는 것을 보았고, 아이들을 위해 할 수 있는 게 없을까 고민하다가 이런 착상을 하게 됐다. 빈민국 아이들에게 신발의 의미는 더욱 각별하다. 맨발로 걷다 보면 흙에 있는 기생충이나 족 진폐증 때문에 고생을 하게 된다. 또한 먼 거리를 걷거나 뛰기가 힘들어서, 학교에서 멀리 떨어진 동네에 사는 아이들은 교육이나 운동의 기회를 빼앗기기도 한다. 그렇다고 이 동네에 현금을 기부할 경우 신발이 아닌 다른 곳에 사용될 확률이 컸다. 탐스가 오직 신발만 기부하게 된 데는 이런 사정이 있었다.[68]

탐스 신발을 우연히 접한 사람들 중에는, 간단한 천과 밑창으로 된 신발이 왜 이토록 비싼지 의아해하는 이들도 있을 것이다. 제품에 담긴 사회적 공헌의 의미를 미처 깨닫지 못했다면 말이다. 탐스 신발의 디자인에는 특별한 이유가 있다. 되도록 신발을 기부할 지역 주변에서 공수할 수 있는 재료를 가지고 그 주변의 기술로도 제작할 수 있는 디자인, 지역의 경제를 돕고 그들의 역사적 유산을 유지하려는 디자인인 것이다. 탐스 신발은 아르헨티나의 전통 신발인 알파르가타Alpargata 스타일로 만들어졌다.

이런 의미를 더욱 강화하기 위해 탐스가 노력하는 것 중 하나가 바로 커뮤니티 참여다. 의미 있는 소비를 찾는 소비자가 생각보다 많은데, 이들이 비슷한 소비 철학과 가치관을 가진 사람들과 서로 소통하고 교감할 수 있는 채널을 부여하는 것이다. 예를 들어 탐스가 제공하는 커뮤니티 중에는 '신발 없는 하루' 같은 행사가 있다. 신발 없이 산다는 것이 어떤 것인지 직접 체험하며 서로의 감정을 나눌 기회를 준다.

또 탐스는 '슈 드롭 투어 Shoe Drop Tour'를 조직하기도 했는데, 소비자들이 기부할 지역에 가서 신발을 직접 나누어주도록 하는 것이다. 투어에 참여한 사람들은 신발을 비롯해 우리가 너무도 당연하게 생각하는 '삶의 도구'를 쉽게 갖지 못하는 아이들을 보며, 삶을 다시금 돌아보는 시간을 갖게 된다. 이런 뜻깊은 커뮤니티 활동이 인터넷을 통해 확산되다 보니, 탐스는 TV나 신문, 잡지 같은 매체에 값비싼 돈을 들여 광고하지 않고도 자연스럽게 소비자의 공감과 지지를 끌어낼 수 있었다.

탐스는 "좋은 일을 하며 돈 벌기 Doing Well by Doing Good"라는 의미를 혁신적으로 영리 사업에 실현했다. 공감과 나눔이라는 의미가 혁신 비즈니스 모델의 가장 중요한 프레임이 되고 그 의미를 가장 잘 나타낼 수 있는 비즈니스 속성과 소비자의 소통을 디자인하면, 이윤을 추구하는 영리 모델에서도 기부와 나눔이 가능하다는 것을 보여줬다.

3
소비자의 상처를 어루만져라

의미 있는 의미를 찾아내는 또 하나의 원동력으로 '힐링Healing'을 들 수 있다. 힐링 또한 혁신만큼이나 우리 주변에 많이 맴도는 단어다. 그런데 힐링 여행, 힐링 캠프, 힐링 마케팅, 힐링 서비스 등 많은 용어들이 떠돌아다님에도, 힐링이 브랜드 전략에서 무엇을 의미하고 이를 통해 어떻게 브랜드 혁신을 진행할 수 있는지에 대해서는 논의가 거의 없다. 그래서 힐링 코드를 브랜드 혁신에 활용할 수 있는 의미와 방법론을 찾아보고자 한다.

힐링이란 단어는 '손상된 무엇인가를 좋았던 상태로 되돌리거나 회복한다'는 뜻을 가지고 있다. 상처 입은 것을 원래 상태로 되돌린다는 뜻이다. 상처를 입은 것은 몸일 수도 있고 정신일 수도 있다. 무엇이 되었건 문제점을 치유해 원래의 균형 잡힌 상태로 복원해놓는 것이 힐링의 목표다.

비슷한 코드로 웰빙well-being이 있긴 하지만, 기준점을 현재로 놓고 있다는 측면에서 차이가 있다. 곧 웰빙은 과거에 어땠고 무엇을 했는지보다는 앞으로 잘 먹고 잘사는 데 초점을 두고 있는 것이다. 심리보다는 육체에 좀 더 초점이 맞춰져 있는 것도 힐링과의 차이점이다. 몸이 먼저 맑고 건강해지면 그에 따라 마음도 맑고 건강해진다는 게 웰빙의 원리다.

반면 힐링에서 특히 주목해야 할 부분은 '원래 상태로 돌아가는 것'이라는 성취 목표다. 이는 필연적으로 '과거'와 연결돼 있다. 상대의 과거를 알고자 하는 것, 특히 그 사람이 과거에 느낀 아픔을 알고 이를 끌어안고자 하는 것. 이는 그 사람에 대해 총체적으로 이해하고 공감하려는 것이다.

어떤 현상을 사회적으로 일반화하는 것은 어려운데다 옳지도 않은 일이지만, 대체로 서구에서는 '내가 누구인가?'에 대한 답을 과거보다는 현재와 미래의 내가 무엇을 할 것인지에서 찾는 경향이 크다. 지금까지 상황과 스스로에 대한 인식이 나쁘다고 하더라도, 과거로 되돌아가 실수를 되새김질하는 일은 그리 올바르지 않다는 것이다. 사람은 누구나 실수와 아픔을 겪으며 사는데 이를 통해 무엇을 얻어낼 수 있는지가 중요하다는, 곧 경험은 '미래의 결정을 도울 수 있다는 면에서 가치 있다' 는 사고방식이다. 지나간 것은 지나간 것이며, 과거의 실수는 훌훌 털고 전진하려는 태도가 사회적으로 더 바람직하게 받아들여진다고 할 수 있다.

이처럼 서구인들이 자신을 규정할 때 기준으로 두는 것이 미래 지향적 현재present to forward로 웰빙 코드가 잘 맞는다면, 한국인들은 과거 지향적 현재past-dependent present에 좀 더 가깝다. 현재 자아에 대한 인식을 확립하는 것에서부터 자기 정체성을 타인과 소통하고 재수립하는 것에 이르기까지 '과거로의 여정' 이 꼭 필요한 과정이다. 그러나 이런 차이점이 있다고 서구에서 힐링 코드가 통하지 않는다는 뜻은 아니다. 오히려 이런 차이로 인해 힐링이 더욱 큰 반향을 일으킬 가능성도 있다.

현대 사회는 동서양 할 것 없이 무한 경쟁 속에 경제 위기와 빈부 격차, 실업 문제가 갈수록 심해지고, 부와 복지의 불평등한 분배에 따라 사회적 갈등도 점점 커져가고 있다. 교육과 정보 수준이 올라가면서 사람들에게 요구되는 기대 수준도 자꾸만 높아지는데, 실패를 용서하고 재도전을 격려해야 할 사회적 문화는 이런 변화를 따라가지 못하고 있다. 상황이 이렇다 보니 목표를 완수하지 못했을 때 느끼는 부담과 고통은 늘어만 간다. 그만큼 힐링에 대한 갈증이 더욱 커져가고 있는 상황이라고 할 수 있다.

그래서 힐링 코드를 바탕으로 하는 혁신 프레임은 목표부터가 달라야 한다. 앞서 말했듯 힐링은 상처를 입었다는 전제가 있어야 한다. 원래 상태로 돌리려면 상처를 입기 전 상황과 상태에 대한 이해가 필요하다. 소비자들의 현재 니즈를 파악하는 데 중점을 두는 것이 아니라, 소비자와 세대에 대한 총체적이고 인간적인 이해를 바탕으로 소통하고 진정한 도움을 주고자 노력해야 하는 것이다.

〈그림 10〉에서 보듯이 기존의 전통적인 체제는 현재 시장에서 충족되지 않은 소비자 욕구를 파악하고, 회사의 역량 분석 및 전략적 일치성 등을 고려해 제품이나 서비스를 개발한 후, 고객들이 지불할 수 있는 수준에 맞춰 최적의 가격을 책정하는 것이 주요 과제였다. 이런 접근법에서는 '어떻게 하면 소비자들의 만족감을 극대화하는 제품과 서비스를 만들고 판매, 전달, 소통할 것인가'를 묻는 것이 가장 중요했다. 이를 통해 매출액과 시장 점유율을 얼마만큼 획득할 수 있는지, 얼마나 많은 수익을 낼 수 있는지에 따라 마케팅 투자수익률ROI이 측정됐다.

하지만 힐링으로 접근하는 브랜드 혁신 방향은 이와 다르다. 충족되지 않은 욕구가 있다면 그것이 왜 아직까지 충족되지 못하고 있는지 고민이 선행돼야 한다. 소비자가 과거에 대해 느끼는 감정과 이를 통해 받아들이는 현재와 미래를 이해해야 하고, 이를 바탕으로 지금 사회 안에서 어떤 가치를 부가해야 하는지 분석이 뒤따라야 하는 것이다. 그리고 투자 대비 효율성을 극대화해 '어떻게 하면 많이 팔 수 있는가' 대신, 상품과 서비스가

그림 10_힐링을 통한 혁신 접근 프레임

얼마나 소비자를 돕고 성장하게 할지, 그리고 이런 점을 어떻게 소비자와 교감할지 연구하는 것이 중요하다. 결국 힐링의 궁극적 목표는 사람과 사회의 복지 증진이라 할 수 있다. 브랜드 혁신의 성과를 평가할 때에도, 그 시도가 우리 사회를 조금 더 인간적이고 따뜻하게 이끄는 데 얼마나 기여했는지 살펴야 한다.

마케팅을 넘어 비즈니스 모델 혁신으로 힐링 코드를 녹여내려는 노력은 아직 그리 많이 보이지는 않는다. 그러나 조금씩 힐링의 아이디어를 보듬어나가는 기업들이 보인다.

한때 미국의 한 자동차 회사에서, 끔찍한 사고로 몸과 마음을 다친 소비자들이 다시 운전할 수 있도록 도와주는 자동차 디자인을 연구한 적이 있다. 미국은 땅이 매우 넓지만 도시를 제외하고는 대중교통이 발달돼 있지 않아서 운전을 못하면 일상생활에 많은 지장을 받는다. 이 때문에 비록 교통사고로 몸을 다치지는 않았더라도 정신적 트라우마가 너무 커서 다시 운전대를 잡기 힘든 사람에게 안도감과 자신감을 되돌려주기 위한 연구가 진행됐다. 자동차 시트의 촉감과 색상, 내부 인테리어 장식에 이르기까지 자동차 디자인을 어떻게 차별화해야 할지 연구했다. 경제성 분석 결과 상업화가 어렵다는 판단이 서서 아쉽게도 프로젝트를 접었지만, 이런 관심과 노력이 계속 필요하다고 본다.

앞서 소개한 탐스 또한 힐링 코드를 비즈니스에 접목한 예다. 자신과 직접 연결된 사회 구성원이 아니더라도 인류의 미래를 끌어나갈 어린아이들의 아픔을 해결하려는 노력이 혁신 비즈니스로 구현돼, 이에 동감하는 많은 기업들의 귀감이 되고 있으니 말이다.

과거에 하지 못했던 것, 또는 선택했던 것에 대해 후회와 미련이 남은 경우에도 힐링이 필요하다. 이를 달래고자 하는 상품 디자인은 교육 산업에서 많이 볼 수 있다. 과거에 생활이 어려워 원하는 만큼 학업을 하지 못한 사람들을 대상으로 하는 교육 프로그램이나 교양 강좌 등이 좋은 예다. 이런 경우 전달하고자 하는 메시지는 "못했으면 지금 해라", "못 배워 후회가 되면 당장 배워라", "나이는 숫자에 불과하다" 등이다.

다이어트 업체나 헬스 업체도 이런 접근 방법을 많이 활용한다. 미국 로스앤젤레스에는 '두 잇 나우Do IT Now'라는 헬스클럽이 있다. 나이키의 표어인 '저스트 두 잇Just Do It'도 이와 일맥상통한다. 곧 후회되는 과거를 붙잡고만 있지 말고 꿈을 이루기 위해 무엇이든 당장 실행에 옮겨야 한다는 의미다.

미국 금융 회사 찰스슈왑Charles Schwab의 신상 서비스인 '토크 투 척Talk to Chuck'과 그 광고 캠페인도 이런 접근 방식을 사용한 예라 할 수 있다. 일러스트레이션 형태로 진행되는 이 캠페인에서는 친근한 보통 사람 이미지의 캐릭터들이 나와서 '투자가 힘들면 척Chuck에게 물어보라'는 내용을 전한다. 그중 하나는 "나와 내 아내는 곧 은퇴를 앞두고 있지만, (금융위기 등으로 시장 상황이 불확실해지면서) 앞으로 무슨 일이 벌어질지 감을 잡지 못하겠습니다. (그동안 잃은 손실을 생각하면) 투자 포트폴리오를 들여다볼 엄두가 나지 않습니다"라고 걱정을 털어놓기도 한다. 그러면 친절하고 능력 있는 재무 컨설턴트 척이 나와 "당신들의 걱정을 덜어주고 과거의 손실을 만회하는 데 도움을 줄 수 있습니다. 두려워하지 말고 나를 믿고 투자를 다시 시작하세요"라는 메시지를 전달한다.

노스탤지어nostalgia도 과거에 연결된 현재의 감정이다. 반드시 아파서 치유가 필요한 감정이라기보다는 현재 아픔을 달래줄 수 있다는 점에서 힐링과 맞닿는다. 상품 디자인과 마케팅에서 노스탤지어 코드로 성공한 대표 사례는 폭스바겐의 비틀이다. 원래 비틀은 1960년대 히피들이 많이 몰던 차였다. 당시 비틀이 상징했던 건 자유분방함이었기 때문에, 1970년대를 지나 1980년 젊은이들의 문화가 여피Yuppie족의 시대로 넘어오면서 비틀의 인기는 점차 시들해져갔다. 그러다 1990년대 말에 폭스바겐은 다시 비틀의 디자인을 꺼내오며 대대적으로 노스탤지어 마케팅 캠페인을 진행했다. 이제는 50대가 된 히피 세대들을 향해 "당신이 젊었을 때, 당신이 이혼하지 않았을 때, 당신이 머리카락이 더 많았을 때, 당신이 즐겨 탔던 차가 다시 나왔다"라는 메시지로 소통을 시도했다. 사람들이 추억을 되새김질할 수 있게 해준 것이다. 동시에 젊은 시절 자신이 느꼈던 감정을 자식들과 공유하라고 북돋웠다. "너의 대를 잇는 새로운 너인 자식들과 그 경험을 공유하라"라는 메시지를 전달한 것이다.

덕분에 1990년대 말 비틀 판매의 상당 부분은 부모들이 자식들을 위해 사준 것이었다고 한다. 당시 비틀의 자동차 디자인과 폭스바겐의 마케팅 접근 방식은 큰 사회적 공감을 얻었고, 그 결과 1998년 3월 〈비즈니스위크Business Week〉의 표지를 장식할 정도였다.

앞서 언급한 코카콜라 뉴 코크는 노스탤지어를 외면해서 실패한 사례라고도 할 수 있다. 뉴 코크는 두 차례의 세계대전과 대공황을 거치며 가족과 친구, 동료들과 함께 코카콜라를 나눠 마셨던 소비자들의 소중한 추억을 헌신짝처럼 내동댕이쳤다는 비난을 받았다. 지금 코카콜라가 원통형 알루미늄 캔에도 병 모양 비주얼을 넣고, 심지어 알루미늄으로 예전의 유리병 모양을 만들어내려고 했던 건 바로 뉴 코크 사태의 교훈 때문이다. 과거와 연결된 끈을 놓치지 않으려는 것이다. 시각적인 요소는 과거에 대한 향수를 일으키는 데 가장 효과적인 장치다.

경제가 어려워질 때 유행하는 복고 스타일도 힐링을 접목한 좋은 예다. 2008년 금융위기 이후 미국을 비롯한 전 세계 경제가 큰 타격을 입었고, 그 회복세도 기대 수준에 못 미쳤다. 이럴 때일수록 그 전에 조금은 나았던 시절의 기억들이 더 달콤하게 느껴지게 마련이다. 이 코드를 상품 기획과 마케팅에 접목한 것이 세계 유수 명품 브랜드들의 2012년 복고 트렌드다. 예를 들어 프라다의 2012년 컬렉션은 1970년대와 1980년대 패션의 재등장이라 할 수 있을 만큼 흡사했다.

나는 힐링 접근법이 전통적인 경영 원칙을 대체하는 새 패러다임이 될 수 있다고 믿는다. 궁극적으로는 지속 가능성과 맞물려 기업 문화 전체를 바꿀 수 있는 계기가 될 것이다. 기업들도 이런 관점에서 힐링을 바라보길 권한다.

힐링 코드를 시장에 접목하는 일은 조금 더 인간 중심적이어야 한다. "네 아픔을 아우르고 다스려 네가 좀 더 행복할 때 나도 사회도 행복하게 발전할 수 있다"라고 지속성을 강조하는 접근 방식이어야 한다. 곧 '동병상련'의 접근 방식이다. 치유를 제공하는 쪽에서 비슷한 아픔과 극복의 경험을 이해하고 소통할 수 있어야 한다. 모든 문제를 "만약 이게 내 일이라면 어떻게 할 것인가?"라는 관점에서 검토해야 한다. 이를 통해 고객과 공감대를 형성하고, 마치 소비자의 어릴 적 친구처럼 그들의 아픔을 함께하고 아우를 수 있는 브랜드가 되어야 한다. 좋았던 시절의 친구보다 힘들었을 때 함께한 친구가 더 오래가듯, 소비자의 아픔을 공유하고 공감하며 해결책을 제시하는 혁신 브랜드가 더 오래 가리라는 것을 쉽게 짐작할 수 있다.

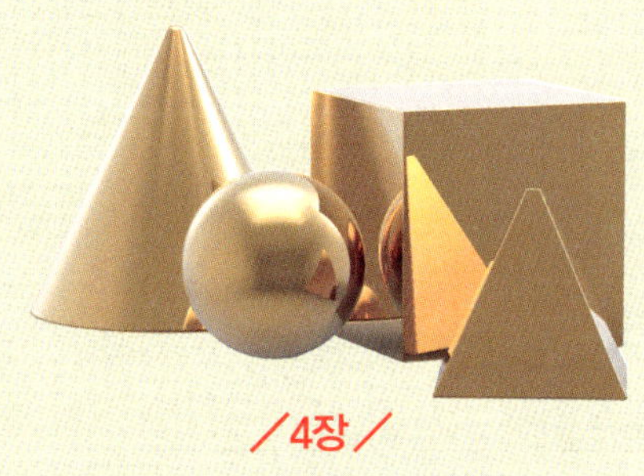

4장

창조적 아이디어를
소통하라

1
자율성을 허용하라

혁신의 작업들은 주로 팀 단위의 수평적인 관계에서 이루어진다. 사실 이런 형태는 기업 전체에 적절히 적용해도 훌륭한 성과를 거둘 수 있다. 조직 모두를 혁신 팀처럼 만들 이유는 없지만, 역할과 직함에서 어느 정도 자유로운 분위기, 회사 구성원 모두가 자유롭게 아이디어를 낼 수 있는 분위기, 실패를 용납하는 조직 문화 분위기는 기업이 혁신으로 나아가는 데 큰 도움이 된다.

실제로 기업 전체에 혁신 문화가 밴 회사들 가운데에는 이런 구조를 가진 곳이 꽤 많다. 이런 회사들을 보면, 먼저 개개인이 특정한 사람으로 규정돼 직함이 따로 없다. 엄격한 사내 규칙이나 딱딱한 직함 등은 구성원을 답답한 상자 안에 가두어 창의성을 떨어뜨리는 경향이 있기 때문이다. 혁신적인 회사들의 경우 많은 업무들이 프로젝트 베이스와 팀워크로 진행되며, 조직원들 개개인이 창의성을 키우고 새로운 직관을 개발하는 데 상대적으로 유리한 구조를 가지고 있다.

대표적인 창조적 기업으로 손꼽히는 구글의 경우, 부사장급부터는 보통 10명 이하의 작은 팀으로 구성돼 있다.[69] 이 중 한 팀원이 팀장을 맡고 있지만 팀장의 역할은 구성원의 인사고과 평가와는 관련이 없다. 그렇다고 구글이 팀원의 성과를 신경 쓰지 않는 것은 아니다. 인사고과는 '동료 평가'라는 제도를 통해 약 5명의 동료들에게 평가를 받는다. 그 사람의 기여도와 소통법, 통합성, 창의성 등 회사 조직과 혁신 프로젝트에 가장 중요한 자질들은 같이 일하는 팀원들이 가장 잘 알고 있다는 전제인 것이다. 또한 구글에서는 일반 직원들이 팀장 등을 거치지 않고 부사장 윗선의 경영자에게 직접 의견을 내고 소통할 수 있다.

구글이 훌륭한 복지 시설 등 사원 개개인의 건강과 인생사에 대한 배려가 크다는 사실은 익히 잘 알려져 있다. 혁신과 관련해 구글에서 특히 주목할 만한 것은 20% 타임제다.[70] 직원들이 근무 시간의 약 20%를 자신의 관심사와 아이디어를 추구하는 데 활용할 수 있도록 해주는 것이다. 나아가 자신의 관심 분야를 마음에 맞는 다른 팀원들과 함께 팀 단위로 연구하고 진행하도록 회사 측에서 도와주기도 하는데, 이를 통해 나온 혁신 상품이 바로 구글맵Google Maps과 지메일Gmail이다. 그런데 구글이 이 20% 타임을 줄이거나 없애기로 결정했다고 한다. 그 이유에 대해 상세한 설명은 없으나, 이 결정이 회사의 미래에 어떤 영향을 미칠지는 두고 봐야 할 듯하다.[71]

사실 20% 타임제는 혁신으로 유명한 쓰리엠3M에서 처음 시작한 방법이다. 3M에는 15% 규칙이 있다. 근무 시간의 15%를 자신의 연구를 위해 쓰도록 하는 제도다. 여기서 재미있는 것은 회사 설비를 사용해 몰래 개인 연구 개발을 진행하는 비밀 활동, 일명 '밀조주 만들기Boot legging(사원이 기획한 아이디어를 상사와 회사가 부정한다고 해도, 마치 몰래 조주造酒하는 것처럼 자신의 아이디어를 연구해 개발을 진행시켜도 되는 시스템)'[72]를 막는 것이 아니라 오히려 북돋우고 있다는 점이다. 이 같은 혁신적인 기업 문화가 바로 포스트잇 등의 대표적 성공 사례를 만들어낸 것이다.

이처럼 혁신적인 기업 문화를 만드는 데 중요한 영향을 미치는 것이 바로 자율성이다. 자율은 구성원들이 저지를 수 있는 어느 정도의 실수와 실패를 용인하는 분위기를 만들어준다. 혁신이라는 위험한 작업에 내재된 실패의 두려움에서 자유로우려면, 실패에 대해 개인이 얼마나 책임을 질 것인지 정해놓은 선이 있어야 한다.

3M이 진부하기 그지없는 사무용품군에서 늘 혁신으로 시장

을 이끌어온 것도 초대 회장이었던 윌리엄 맥나이트_{William Mck-night}의 '공감에 바탕을 둔 경영 철학' 때문이었다. 그의 철학은 인간의 존엄과 가치를 인정하는 데 뿌리를 두고 있다. 이를 바탕으로 개인의 창의성과 진취성을 높여, '위험을 감수할 수 있는 여지'를 마련해준 것이다. 맥나이트는 사원들이 혁신을 근본적으로 도모할 수 있는 실제적 방법인 '모험'을 북돋워주었고, 동시에 '실패할 자유'를 인정해줘야 한다고 믿었다. 다음 말들에 그런 점이 잘 녹아 있다.

실수는 언제든 할 수 있다. 근본적으로 옳은 생각을 가진 구성원이 저지른 실수는 장기적으로 보면, 경영진이 구성원에게 조목조목 지시하는 실수보다 심각하지 않다.

실수를 저질렀을 때 이를 신랄하게 비판하는 경영진은 구성원의 자발성을 죽인다. 우리가 계속 성장하기 위해서는 자발적인 사람들이 꼭 필요하다.[73]

실제로 3M에는 모세가 제시한 10계명에 한 가지가 덧붙여진 11계명이 있다. 그것은 다름 아닌 "너의 아이디어를 죽이지 말라"다.

2
다중 관점의
H형 인간이 되라

디자인적 혁신 전략을 위해서는 혁신 멤버들의 구성이 중요하다. 구성원은 될 수 있는 대로 다양한 전공과 전문 지식을 가진 이들이 좋다. 기술 혁신이라 해서 꼭 공학을 전공한 사람만 있을 이유도, 경영을 전공한 사람만 있을 이유도 없다. 공학도, 경영학도, 사회학도, 역사학도, 인류학도 등 혁신이 영향을 미치는 사회 전반에서 감각을 발휘할 수 있는 다양한 분야의 사람들로 구성해야 한다.

혁신에는 다중 시점이 필요하다. 하나의 현상을 되도록 여러 각도에서 관찰하고 해석해야 한다. 그만큼 위험성이 크기 때문이다. 한쪽에서는 훌륭한 아이디어가 다른 쪽에서는 문제가 될 수 있다. 그 위험성을 찾아내고 다른 대안을 찾거나 기존 아이디어를 보완하는 자세가 반드시 요구된다. 따라서 구성원 개개인은 자기 전공 분야에만 탁월한 지식을 가져서는 안 된다. 아이데오의 CEO인 팀 브라운_{Tim Brown}은 성공적인 혁신 멤버의 조건으로 'I자형' 인간이 아니라 'T자형' 인간을 제시했다. I자형은 본인의 전공 분야에 깊이가 있는 사람, T자형은 전공 분야 외에도 어느 정도 다양한 경험과 지식을 가진 사람을 가리킨다.

경영자라고 해서 꼭 경영학을 전공할 필요는 없다. 실제로 미국의 학부 대학에는 경영학 과정이 거의 없다. 미국 굴지 기업의 CEO 중에도 학부에서 경영을 전공한 사람을 찾아보기는 힘들다. 오히려 철학이나 역사학 같은 인문사회학이나 공학, 디자인, 생물학, 지리학 등 자신이 관심과 열정을 기울일 수 있는 공부를 하며 독서와 여행과 봉사 활동으로 눈과 마음을 넓힌 사람, 이를 인간 중심의 기업 전략 수립과 수행에 적절히 이용할 수 있는 사람이 경영자로서 더 적합하다고 할 수 있다.

이를 위해, 나는 H자형 인간을 제시하고자 한다(그림 11). T자형 인간에서 더 나아가, 훌륭한 혁신 멤버는 H자형 인간이 돼야 한다. H의 한쪽 다리는 전문성이고, 다른 한쪽 다리는 다양한 경험이다. 이 두 가지를 연결해 시너지를 만들어주는 것이 바로 공감이다. 앞에서 강조한 대로 공감은 의미 있는 혁신을 만들어내

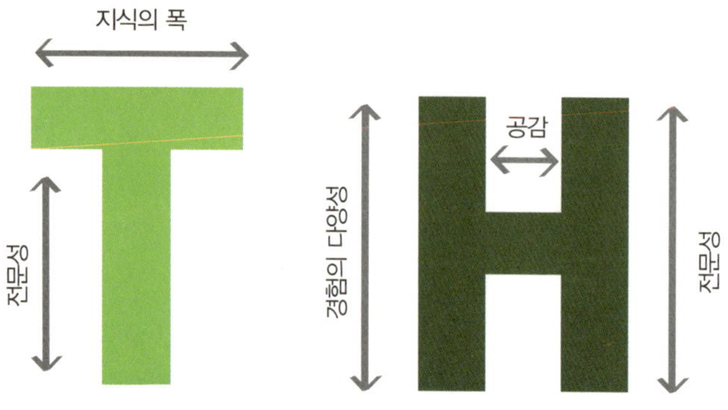

그림 11_T형과 H형 구성원

기 위한 가장 중요한 요소다. 공감 없이는 소비자들에게 진정으로 의미 있는 혁신 아이디어를 만들 수도, 진행할 수도 없다. 공감은 상황을 가슴으로 느끼는 것, 자신이 곧 그들이 되는 과정이다. 공감이 바탕이 돼야만 인지적·감정적 이해를 넘어 이용자들의 어려움과 가능성을 절실히 느끼고 해결책을 제시하고자 노력할 수 있다.

3

독자적인 생각을
먼저 하라

급진적 브랜드 혁신을 위해서는 초기에 시간을 많이 투자해야 한다. 초기 기획과 아이디어 브레인스토밍 단계에 많은 시간을 쓰는 것이 좋다. 아이디어를 깔고 앉아 있으라는 뜻은 아니다. 다만 아이디어를 내고 워밍업할 수 있는 시행착오 과정을 충분히 기다려줘야 한다는 것이다.

이때 조심할 점이 몇 가지 있다. 그 가운데 중요한 하나는 기존의 포커스 그룹 같은 브레인스토밍 방법을 피하라는 것이다. 그룹으로 모여 혁신을 구상하다 보면 많건 적건 그룹 안에서 합의 과정을 거치기 마련이다. 의도적이든 그렇지 않든 그룹의 한 사람이 큰 목소리로 아이디어를 내고, 그러다 보면 나머지 구성원들은 자신의 아이디어가 무엇이었는지 종종 잊거나 분위기상 그 아이디어를 내놓기가 어려워진다. 특히 그 아이디어가 '그룹이 향하는 방향'에 일치하지 않을 때는 더욱 그렇다.

이 같은 맹점을 잘 보여주는 것이 1951년에 실행된 '애쉬의 동조 실험Ash Experiment'[74]이다. 피험자는 자신이 본 막대기와 길이가 같은 것을 3가지 중에 선택해야 하는데, 이때 트릭은 그룹 미팅 중에 그룹의 멤버와 함께 대답을 해야 한다는 것이다. 여기서 피험자 한 명을 빼고는 그룹 멤버들 모두 연구자가 미리 지시한 틀린 답을 가리키게 하고, 피험자의 반응을 살펴보았다. 그 결과 가짜 피험자들이 누가 봐도 명백한 오답을 제시하는데도, 대다수 피험자는 다른 사람들의 오답을 그대로 따라 하게 된다는 사실이 밝혀졌다.

그렇다고 브레인스토밍 과정에서 그룹 토의를 아예 배제하자는 것은 아니다. 다만 그룹 토의 전에 '팀 구성원 개개인이 혼자 생각할 수 있는 기회'를 충분히 줘야 한다는 뜻이다.

그룹 토의가 불러올 수 있는 문제점을 잘 보여주는 또 한 가지 사례가 있다. 1932년 아서 제니스Arthur Jenness라는 학자가 진행한 실험이다.[75] 커다란 유리병에 콩을 잔뜩 담아놓은 뒤 피험자 그룹 A에서는 개개인에게 유리병 안에 콩이 몇 개 들어 있는지 맞혀보라고 했다. 그다음 각각의 사람들이 대답한 수를 더해

평균을 냈다. 그리고 피험자 그룹 B에서는 모두 함께 모여 콩이 몇 개 들어 있는지 논의한 뒤 그 수를 추측하게 했다. 실험 결과, A그룹이 B그룹보다 더 정답에 근접한 것으로 드러났다.

두 가지 실험 모두, 사람이 다른 사람들의 반응에 쉽게 영향을 받는 존재라는 사실을 잘 보여준다. 그렇기 때문에 경영자는 기획과 브레인스토밍 과정에서 구성원 각자 자유롭게 의견을 낼 수 있도록 분위기를 만들어줄 필요가 있다. 그래야 더욱 좋은 의견을 다양하게 얻어낼 수 있다. 혁신을 만드는 아이디어를 낼 때 사고와 관점의 다양성은 너무도 중요하다. 어렵게 H형 인간들로 팀을 구성해놓고도 그들에게 독창적이고 자율적이며 독자적인 생각을 할 기회를 주지 않는다면 큰 손실이다.

이런 점들을 고려하며 혁신 아이디어를 얻어내기 위해서 다음의 방법을 제시한다. 혁신 과제에 참여한 각 멤버들 책상 옆에 그들만이 사용할 수 있는 큰 칠판을 세워놓는다. 거기에 개개인의 몸을 그려 넣도록 한다. 그리고 일정 시간(일주일에서 열흘 정도) 동안 혼자 고민하고 생각해보는 기회를 준다. 그다음 포스트잇을 사용해서, 어떤 생각이 떠오를 때마다 적어서 칠판 위에 붙이도록 하는 것이다. 그 아이디어가 소비자의 인식에 각별한 영향을 줄 것 같으면 칠판에 그려진 몸의 머리 부분에 포스트잇을 붙인다. 소비자의 감정과 마음에 영향을 미칠 것 같으면 가슴 부분에, 소비자의 행동에 영향을 미칠 것 같으면 다리 부분에 붙인

다. 그러고는 일정 시간 동안 충분히 숙고한 뒤에 그룹 미팅을
시작한다.

멤버들은 자신이 완성한 보드를 가지고 와서 자신의 아이디
어가 무엇이며 왜 이런 아이디어를 냈는지 등을 발표한다. 그렇
게 모두의 발표가 끝난 뒤 결과를 분석하면, 거의 모든 멤버들이
공통적으로 생각했던 아이디어도 있고, 멤버 개개인이 독특하게
생각해낸 아이디어도 있음을 알 수 있다.

이때 대다수 멤버가 생각한 아이디어는 이미 상용화됐거나
많은 사람이 공유하고 있는 아이디어일 수 있다. 그것이 아니
라면 새로운 혁신에 반드시 들어가야 할 아이디어일 수도 있을
것이다. 그런 아이디어에 대해 먼저 토의한 후 가능성을 추려
내고, 그다음 다시 한 번 혼자 생각하며 아이디어를 칠판에 붙
이고 그룹으로 생각하는 프로세스를 반복해보자. 이런 과정이
몇 번 돌아가면 상당히 견고하고 창의적인 아이디어가 나올 것
이다.

4

영감을 시각화하라

혁신적인 아이디어를 찾는 과정에서 '무엇이 그려지고 무엇이 제시됐는가' 하는 결과보다는 '왜 그리고 어떻게 그 아이디어가 나왔는가' 하는 과정을 중요시해야 한다. 똑같은 아이디어가 나오더라도 무엇에 근거해서 나왔는지 고찰하는 게 중요하다. 이런 방법은 구성원의 창의력을 높이는 데도 큰 도움이 된다. 과정에 중점을 두다 보면 본인 스스로 끊임없이 질문하고 답을 궁리하는 연습을 하게 되는데, 이 과정에서 창의적 호기심이 생겨나는 것이다. 또 과정을 설명하다 보면 아이디어의 문제점을 수정하고 더욱 견고한 아이디어로 발전시키는 작업을 동시에 이뤄낼 수 있다. 어느 과정에서 어떤 방식으로 타인과 차이가 생겼는지 고찰하기가 쉬워지기 때문이다.

이런 고찰이 열매를 맺으려면 혁신 구성원 사이의 소통이 중요하다. 소통은 고찰의 내용을 시각적 요소와 함께 보여줄 때 극대화된다. 시각화visualization는 아이디어를 설명하거나 대변하기 쉽게 해줄 뿐 아니라, 토론을 북돋우고 다른 아이디어들을 받아들여 발전하는 데도 효과가 크다. 말이나 글만이 아니라 그림을 그려가며 설명하면 이해가 더 쉬워지리라는 것은 쉽게 상상할 수 있을 것이다.

또한 시각화가 혁신의 가능성 자체를 높여준다는 점도 강조하고 싶다. 혁신을 위한 창의성을 개발하는 것은 어떻게 보면 한 없는 시간과의 싸움이다. 일정한 기간을 정해놓고 브레인스토밍을 해도 마땅한 것이 나올 확률은 크지 않다. 흔히 혁신적 아이디어가 샤워를 하다 말고 느닷없이 떠오르기라도 하는 줄 아는데, 이는 오산이다. 창의성을 논할 때 이미 자세히 강조했듯이, 혁신적 아이디어는 항상 생각하고, 항상 고민하고, 항상 관찰하고, 항상 경험하고, 항상 자신에게 되물으며 고민하는 끝에 무르익는 것이다. 그러는 가운데 어느 날 샤워를 하거나 밥을 먹거나 길을 가다가 불현듯 터져나오는 것이다.

이렇게 항상 생각하고 고민하는 대상을 더욱 효율적으로 만나는 데 시각화가 도움이 될 수 있다. 어렵지 않은 방법이다.

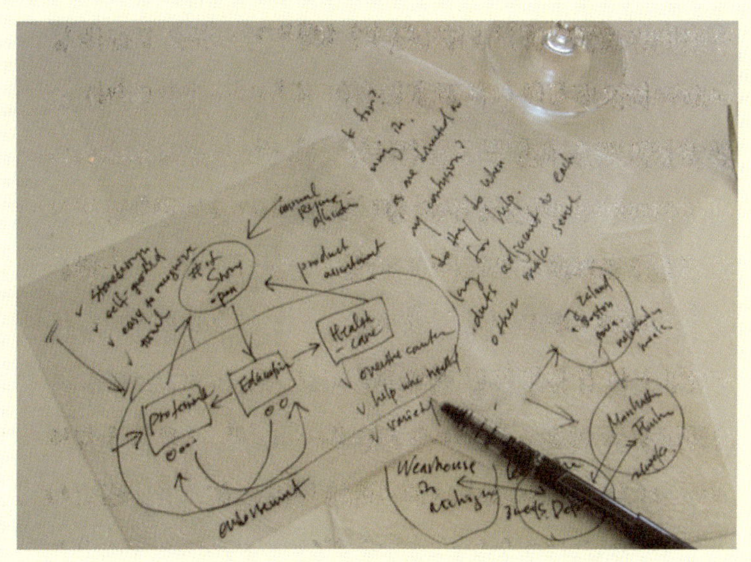

그림 12_ 냅킨 토크

그림을 잘 그릴 필요도 없다. 생각이 떠오를 때마다, 또는 생각이 막힐 때마다 전체적이고 부분적인 이슈를 시각적으로 나타내보자. 일상적인 대화나 느닷없는 영감 등을 모두 시각화해서 정리해놓자. 나중에 기억하기도 쉬울 뿐 아니라 모인 기록들을 통합해서 새로운 아이디어를 개발할 수 있다. 이를 바탕으로 다른 관점에서 지금을 돌아볼 여유와 기회를 얻을 수도 있다. 포스트잇에 그려서 붙여두는 것, 식사 도중 떠오른 아이디어를 냅킨에 그리는 것들 모두 일종의 시각화다.

〈그림 12〉는 실제로 내가 맨해튼의 어느 브런치 식당에서 모회사의 새로운 리테일 사업본부 사장과 대화하는 중에 자유롭게 아이디어를 교환하며 적은 것들이다. 그날 두 시간 동안 이런 냅킨이 15장 정도가 나왔고, 지금 이 중 많은 것들을 차근차근 실행하거나 준비하고 있다. 이처럼 작게라도 적어가며 시각화로 소통해보자. 이런 시각적 노트는 나중에 자신의 생각이 무엇이었는지 다시 고찰할 때도 도움을 주고, 다른 사람들에게 자신의 아이디어를 설명해줄 때도 매우 편하다. 또한 다른 사람의 의견을 수용해서 반영할 때 표현과 이해가 쉬워지며, 어디서 오해와 문제의 소지가 생기는지 판단하고 통찰하는 능력도 키울 수 있다.

경험과 의미의 혁신으로
아웃런하라

1
정당성을 추구하라

남의 것을 베끼지 않은, 진정성과 정당성이 있는 경험과 의미가 있다면, 기술 혁신으로 시장에서 경쟁 우위를 차지하고 유지하기가 훨씬 유리해진다. 동시에 기술적 혁신이 그리 크게 해당되지 않는 상품군에서도 급진적 혁신을 더욱 원활하게 만들 수 있다.

물론 한 차례 성공한 급진적 기술의 혁신을 계속 강조해가며 지속적으로 경쟁 우위를 지키기는 어렵다. 갈수록 어려워질 것이다. 경쟁력 있는 기술을 만들었다 해도, 항상 더 낫고 더 빠르고 더 싼 기술을 장착한 경쟁 브랜드들이 생겨나기 때문이다. 그

흐름도 점점 빨라지고 있다. 더욱이 기술 혁신을 통해 지속적으로 시장 우위를 지키기가 어려운 것은 타사의 기술을 흉내 내는 브랜드에 대해 소비자들이 상당히 관대한 태도를 보이기 때문이다. B브랜드가 처음으로 어떤 신기술을 개발해 상용화하지 않았더라도, 곧 A브랜드의 기술적 속성을 카피한 것이라 하더라도, B브랜드가 더 좋은 성능의 제품을 더 싸게 내놓으면 소비자는 대체로 아무 저항감 없이 B브랜드를 받아들이곤 한다.

그러나 경험과 의미의 혁신에 대해서는 소비자의 태도가 조금 다르다. 차별화된 경험과 의미의 혁신으로 일단 시장을 이끌기 시작하면, 이를 카피해서 후속으로 나오는 제품에 대해 소비자들은 상당히 부정적인 반응을 보인다. 경험과 의미의 혁신으로 입지를 굳힌 브랜드를 따라하는 브랜드는 '카피캣copycat', '모방자imitator', '팔로워follower' 등의 이미지로 낙인찍히기 쉽고, 그만큼 소비자에게 정당성을 부여받기가 어렵다. 이를 극복하기란 매우 어렵고, 가능하다 해도 상당한 시간과 노력이 든다.

흔히 우리는 이러한 정당성을 '역사가 긴 명품 브랜드'만 갖는 걸로 여기고, 급변하는 혁신적 아이디어와는 별 인연이 없다고 믿는다. 하지만 이는 오산이다. 물론 100년이 넘는 전통을 바탕으로 사회에서 바람직한 이미지로 우뚝 서 있는 브랜드를 우리는 신뢰한다. 그러나 신뢰받는 브랜드 이미지가 반드시 긴 역사와 명품 유산에 바탕을 두고 있는 것은 아니다. 소비자가 신뢰하는 정당성 있는 브랜드는 오히려 경험과 의미의 혁신을 잘 세우고 이루는 데서 만들어지곤 한다. 여기서 정당성이란 헌신, 진지함, 그리고 진정성을 뜻한다. 의미 있고 오리지널한 경험을 부여하는 혁신을 이뤄낸다면 소비자에게 정당한 브랜드로 각인될 수 있다.

정당한 브랜드의 강점은 이뿐만이 아니다. 마켓 리더로서 입지를 구축할 수 있을 뿐 아니라, 혁신의 점진적 방향에 대해서도 소비자 반응이 좋기 때문에 혁신 상품의 라이프 사이클이 길어지고 상대적으로 안정적인 마켓 포지션을 누릴 수 있다. 또 혁신 상품에 약간의 기능적인 문제가 생기더라도 너그럽게 용납되는 부분이 있다. 그러는 사이에 상품 성능이나 보조 서비스를 발전시킬 여유를 갖게 되는 것이다.

2
경계를 넘어라

여기서 강조하고 싶은 것은 이러한 혁신이 '세상에서 듣도 보도 못한 것일 필요는 없다' 는 사실이다. 우리는 일반적으로 하나의 상품군 안에서 혁신을 생각한다. 그러나 한 상품군 안에서 구태의연하게 느껴지던 의미와 형태도, 다른 상품군으로 넘어가면 혁신으로 보일 수 있다.

애플이 1998년 매킨토시 신상품을 들고 나왔을 때, 소비자에게 큰 차별화로 다가왔던 부분은 컴퓨터의 몸체와 스크린이 하나로 돼 동글동글한 모양에 속이 보이는 누드 재질을 썼다는 점이었다. 이 디자인 아이디어는 스티브 잡스가 메이시스Macys 백

화점의 주방용품 코너에서 키친에이드KitchenAid의 동그란 밀가루 반죽기를 보고 영감을 얻은 결과라고 한다.

또 애플은 컴퓨터에 연결된 전선 코드를 자석으로 붙였다 뗐다 할 수 있는 디자인을 이때 처음으로 선보이기도 했다. 이것은 일본의 한 전기밥솥이 안전을 위해 상용화한, '붙였다 뗐다 하는 전선'을 보고 아이디어를 얻은 것이라 한다. 또한 애플은 "왜 컴퓨터가 항상 하얀색이나 까만색이어야 하나?" 질문하고 그 틀을 깨며 세계 처음으로 색이 들어간 디자인을 출시한다. 애플이 이런 디자인을 가지고 나올 수 있었던 것은 '컴퓨터도 집 안이나 사무실의 인테리어 용품이 될 수 있다'는 혁신적 의미의 전환 덕분이었다. 더 나아가 집 안에서 움직이다가 전선에 발이 걸려 넘어지지 않도록 한 배려 덕분이었다. 이렇게 다정하고 배려 깊은 디자인은 사람들이 애플을 귀엽고, 착하고, 따뜻한 사람 같은 이미지로 받아들이게 도와준다. 이런 맥락에서 애플이 아이폰에 붙인 의미의 혁신도 눈여겨볼 만하다.

이 책에서 애플의 예를 자주 드는 것은 애플이 관련 시장의 영원한 승자라고 생각해서가 아니다. 급변하는 시장 상황에 영원한 승자란 있을 수 없다. 누가 알겠는가? 지금부터 10년 뒤 애플이 노키아Nokia의 숙명을 따르고 있을지 말이다. 한때 시장을 평정했던 브랜드가 한두 가지 커다란 전략적 실수 때문에 순식간에 매장되는 예는 어디서나 쉽게 찾을 수 있다. 후버, 코닥, 노키아, 모토로라Motorola의 몰락 등이 그렇다. 다만 이제껏 애플이 보여준 혁신 전략 사례가 지금 우리에게 시사하는 바가 크다는 점은 확실하다. 더욱이 이제는 고인이 된 스티브 잡스의 비전과 전략은 이 책이 말하고자 하는 디자인적 혁신 전략의 쉽고 빠른 예가 된다.

나는 창의성이야말로 후천적으로 충분히 키울 수 있는 부분이라고 생각한다. 물론 천재적인 예술가나 전략가의 경우 어느 정도 타고나는 부분을 무시할 수 없지만, 기업 혁신 사고와 의사 결정에 중요한 창의성을 기르는 데는 어찌 보면 배움과 훈련이 더 중요하다. 실제 과학적인 증거는 없지만, 아마도 30% 정도는 타고난 재능, 70%는 후천적으로 익히는 능력이라고 할 수 있지 않을까? 창의성을 후천적으로 익히는 방법으로는 앞서 설명한 경험과 행동, 사고의 경계를 넘나드는 유연성을 들 수 있다.

또한 앞의 예에서 보듯 자기 분야와 자기 상품군의 전문성뿐 아니라 다른 여러 분야에 대한 경험과 지식을 쌓아 창조적으로 엮는 일도 대단히 중요하다.

2007년 하버드 경영대 교수인 카림 라카니Karim Lakhani는 몇백 개에 이르는 난제들을 웹사이트에 올렸다. 그리고 이런 난제들을 풀어내는 사람들이 어떤 이들인지 관찰해 분석했다.[76] 그들의 면모를 살펴본 결과, 난제들에 직결된 전문 분야 사람들이 아니었다. 그와 연결돼 있는 다른 분야 사람들이 난제들을 더 잘 풀어냈다. 이는 두 가지를 시사한다. 하나는 범위를 벗어나 생각할 수 있는 유연성, 또 하나는 연결된 분야의 시야가 넓은 데서 오는 자율성이다. 곧 충분한 연결 지식을 가진 사람이, 그 안에서 전문적으로 일하는 사람보다 문제를 더 자유롭게 대할 수 있다는 것이다. 무엇이 옳고 그르며 무엇이 되고 안 되는지 하는 편견에서 비교적 자유로울 수 있기 때문이다.

이는 혁신을 위해 노력하는 사람이라면 반드시 명심해야 할 부분이다. 스티브 잡스가 선천적인 통찰력을 가지고 있었든 후천적으로 익히고 배웠든, 그 문제는 중요하지 않다. 다만 그의 사고 방법과 전략이 어떻게 만들어졌는지 배우는 것이 중요하다. 아이폰의 예를 보자.

아이폰_전화기가 아닌 삶의 동반자

애플이 처음 세상에 나타난 것은 2007년 6월 29일이었다. 당시 휴대폰 시장은 전례 없는 판매고를 기록 중인 노키아와 모토로라의 압도적인 시장 점유율이 상당히 안정적으로 유지되고 있었다. 이런 상황에 뒤늦게 들어온 브랜드가 성공할 확률은 그야말로 '낙타가 바늘구멍 들어가기' 처럼 보였다. 그러나 얼마 가지 않아 애플은 시장을 평정했다. 당시의 논리로는 도저히 성공할 수 없는 모습의 혁신으로 말이다.

당시 휴대폰 시장은 휴대폰의 크기를 줄이고, 통화가 중간에 끊어지거나 연결이 되지 않는 콜 드롭Call Drop을 줄이는 쪽으로 혁신이 진행되고 있었다. "크기가 모든 걸 압도한다Size Does Matter"라는 농담이 나올 정도로 더 작은 크기를 선호하고 있었다. 그도 그럴 것이 휴대폰이 집 전화와 가장 다른 점은 '휴대 가능성'과 '접근성'이었다. 어디를 가든 어디에 있든, 급한 일이든 아니든 그 사람을 찾을 때 '바로 통화 연결이 가능하다는 점'을 가장 우선시했다. 이에 끊임없는 기술적 혁신을 통해 휴대폰의 크기를 최대한 작게, 통화 연결 끊김 현상을 최대한 줄이는 것이 당시 혁신의 핵심일 수밖에 없었다. 이에 따라 심비안Symbian, 블랙베리BlackBerry, 윈도우 모바일Windows Mobile 등의 휴대폰 오퍼레이팅 소프트웨어도 통화 최적화 프로그램으로 혁신이 이루어지고 있었다.

그런데 2007년 나온 애플의 휴대폰은 너무 컸고, 심지어 너무 무거웠다. 한술 더 떠서 애플이 선택한 AT&T는 콜 드롭에 관해 가장 심한 악평을 듣고 있는 통신 서비스 업체였다. 그럼에도 애플은 보란 듯이 시장에 나와 있는 그 어떤 휴대폰보다 비싼 가격으로 신제품을 출시하기에 이른다. 당시 애플의 메시지는 이러했다.

아이폰은 전화기가 아니다. 이것은 네 삶의 동반자이자 네가 살아가는 방법A way of life이다.

그리고 전화기를 가지고 전화기 이상의 일들을 할 수 있도록 만드는 애플리케이션application들을 오픈소스 포맷open source format으로 내보내기 시작한다.

경쟁사들은 당황했다. "전화기가 아니라 삶의 동반자이자 살아가는 방법"이라는 의미를 어떻게 해석해야 할지 알 수 없었기 때문이다. 아이폰이 전화기가 아니라면, 그럼 작은 컴퓨터라도 된단 말인가? 이를 작은 컴퓨터라 정의하자 시장의 초기 반응은 냉담했다. "콘센트 없는 컴퓨터를 갖게 될 줄은 몰랐다"라고 비웃는 사람도 있었다. 마이크로소프트의 스티브 발머Steve Ballmer는 "키보드가 없는 컴퓨터"라는 조롱도 서슴지 않았다.[77] 혁신적 의미를 읽어내기보다는 속성을 중심으로 아이폰을 평가했던 것이다. 그러나 우리는 결론을 알고 있다. 아이폰은 이들의 비판을 보란 듯이 날려버리는 혁신을 이뤄냈다. 휴대폰의 크기와 의미를 넘어, 휴대폰의 미래를 위한 새로운 혁신의 방향까지 새롭게 정의하게 된 것이다.

더욱 놀랍게도, 애플이 아이폰에 대한 노력을 처음 시작한 것은 2004년이었다. 프로젝트 퍼플Project purple이라는 이름으로 AT&T 모바일 업체인 싱귤러Cingular와 독점 계약을 맺은 게 그 시작이었다. 그런데 콜 드롭이 가장 많기로 악명 높았던 AT&T와 손을 잡은 이유는 무엇이었을까? 그것은 AT&T가 아이폰의 하드웨어 디자인과 소프트웨어 개발 방식 등을 AT&T의 인프라에 구속받지 않은 채 마음대로 개발하고 생산할 수 있도록, 당시로서는 상상할 수도 없는 자유를 애플에게 허락했기 때문이다. 이와 더불어 AT&T가 애플 휴대폰에 부가하는 전화 요금 중 일부를 매달 애플에게 넘겨주기로 약속하기도 했다.[78]

이러한 조건으로 애플은 AT&T와 2011년까지 독점 계약을 체결했고, 이 계약은 그즈음 입지가 흔들렸던 AT&T의 시장 상황을 완전히 바꾸는 계기가 된다. 약 40%의 아이폰 이용자들은 아이폰을 위해 다른 서비스에서 AT&T로 전환한 사람들이고, 그 덕에 뉴욕이나 샌프란시스코에서는 약 3배가 넘는 데이터 서비스 양을 만들었기 때문이다.[79]

애플의 공식적인 메시지는 "살아가는 방법"이었지만, 실제 스티브 잡스가 그 이면에 강하게 밀어붙인 의미의 전략은 "아이폰은 아이팟의 차세대 주자"라는 것이었다. 이것이야말로 스티브 잡스가 아이폰을 왜 이렇게 디자인했는지 알 수 있는 대목이다. 또한 질이 좋지 않았던 서비스 업체와 계약을 하면서 어떻게 성공을 자신했는지도 알 수 있다. 곧 애플은 아이폰을 전화기로 설정하고 팔지 않았다. 아이팟의 일종으로 생각하고 팔았다. 다시 말해 잡스는 아이폰을 '들고 다니는 전화기'가 아니라, '들고 다니는 아이팟에 전화 기능이 추가된 것'으로 포지셔닝을 했던 것이다. 이 얼마나 기막힌 발상인가!

실제로 애플은 이런 의지를 강하게 밀고나가기 위해 2007년에 아이폰을 출시하고 약 3개월 후인 9월에 아이팟 터치iPod Touch를 내놓는다. 아이팟 터치는 아이폰과 똑같은 모양을 가진 모델이었다. 디자인상으로는 두께가 약간 얇아진 정도밖에 차이가 없었다. 기존의 아이팟을 따라가며 업그레이드된 모델을 구입하는 이용자들에게 '아이폰은 새롭게 업그레이드된 아이팟' 이라는 의미를 전달하는 전략이었던 것이다.

처음 애플이 휴대폰 시장에 뛰어들었을 때 그 성공 가능성에 의구심을 가진 사람들이 적지 않았다. 디지털 뮤직 디바이스를 만드는 회사가 휴대폰 시장에 뛰어들어봐야 승산이 크지 않을 것이라 판단했기 때문이다. 물론 전통적인 상품군만을 생각해보면 이 판단이 옳을지 모른다. 그러나 스티브 잡스는 아이폰을 그 전통적인 상품군 가운데 하나로 생각하지 않았다. 반대로 아이폰은 경쟁이 무척 치열하던 휴대폰 시장에 '폰 기능을 가진 차세대 뮤직 플레이어' 라는 의미로 새롭게 끼어들었다. 이로 인해 아이팟의 새 모델로 옮겨갈 때와 같은 경험을 소비자에게 전달했다. 기존에 가지고 있던 플레이리스트 어플도 쉽게 아이폰으로 옮길 수 있도록 연동하고 사용법도 같게 만들었다.

더욱이 아이폰을 차세대 아이팟으로 포지셔닝할 경우 가장 좋은 점은 아이폰이 전화기로서 가지는 기계적 결함, 예를 들어 통화 연결이 자주 끊긴다거나 카메라 성능이 나쁘다는 약점에 대해 소비자의 시선이 덜 비판적이라는 점이었다. 실제로 아이폰의 2007년 모델은 2G였지만 당시 노키아에서는 이미 3G폰을 내놓은 상태였다. 아이폰의 데이터 처리 능력도 다른 경쟁사에 비해 뒤떨어지는 편이었다. 그러나 아이폰은 '전화 기능만 하는 전화기가 아니라는' 의미를 갖고 있었기 때문에 소비자들에게 너그러이 용서받을 수 있었다.

잡스가 아이폰에 붙인 이 같은 의미는 그동안 휴대폰 시장에서는 전혀 존재하지 않았던, 그야말로 혁신적 의미였다. 이는 휴대폰 시장의 상품, 서비스 디자인을 주도할 수 있는 원동력이 됐으며 나아가 그동안 서비스 업체가 너무나 힘이 센 '갑'으로 군림했던 무선통신 업계를 '휴대폰 제조업체가 주도하는 시장'으로 바꾸는 계기를 만들었다.

의미 있는 단순함을 지향하라

혁신의 아이디어가 소비자와 소통하기 위해 가장 중요한 것은 '혁신의 시각적 구현'이라고 본다. 그러나 앞서 소개한 에어론 체어나 치타의 예에서도 보듯, 아름다움을 보는 관점과 혁신이 현실과 충돌할 때가 적지 않다. R&D가 최상의 의미를 담아 상품을 구현해냈을 때, 소비자가 그 형태를 바람직하다고 생각하지 않는 경우들이 종종 있다는 것이다. 아름다움이라는 인식도 과거의 경험과 판단, 더불어 현재의 일반적 기운에 따라 결정되는 경우가 많기 때문이다.

혁신이란 새로운 것이고, 따라서 과거 아름다움의 기준과 충돌할 수도 있다. 앞서 강조한 것처럼 시장에서 큰 성공을 거둔 제품들도, 초기 소비자 테스트에서는 부정적인 응답을 받은 경우들이 많았다. 우리가 만든 혁신적 의미와 형태를, 미래를 아직 경험하지 못한 소비자가 판단하기는 쉬운 일이 아니다.

새로운 제품이나 서비스를 선보일 때 발생할 위험을 줄이려면 혁신의 의미가 전달될 수 있는 가장 단순한 형태를 찾아야 한다. 혁신은 위험한 존재다. 따라서 소비자가 혁신을 처음 경험할 때 될 수 있는 한 쉽고 단순하게 느끼도록 하는 게 중요하다. 실제로 소비자는 눈에 익은 것, 이해하기 쉬운 것, 그 의미가 빨리 다가오는 것을 더 좋아하는 경향이 있다. 이를 '능숙도Fluency'라는 용어로 설명하는데, 무언가 쉽게 인지되면 '내가 그것을 좋아해서'라고 생각하게 된다는 것이다.[80]

단순함을 선호하는 심리를 설명할 때, '사람이 사물의 전체와 부분을 어떻게 인지하는지' 설명하는 게슈탈트Gestalt 이론이 종종 적용된다. 특히 게슈탈트 이론 중 하나인 프레그넌츠의 법칙 The law of Pragnanz은 사람이 환경 속에서 물건을 인지할 때 가능한 한 가장 단순한 형태로 지각하려 한다고 설명한다.[81] 인간의 뇌가 많은 것을 한꺼번에 처리하지 못하기 때문에 그렇다는 것이다. 실제 보통 사람의 기억력은 약 7개의 정보를 동시에 약 18초 동안 기억할 수 있다고 한다. 또한 사람의 뇌는 현상을 설명할 수 있는 가장 단순한 패턴을 찾으려는 경향이 있다. 우리의 뇌는 본능적으로 복잡한 형태를 단순화하려 하고, 복잡한 형태보다는 이미 단순화된 형태에 더 친숙하게 반응하며, 더 쉽게 처리한다.[82] '선택의 수가 늘어나면 의사 결정의 질이 떨어지는 것'과 일맥상통하는 내용이다.[83]

디자인의 아름다움을 인지할 때도 이런 경향이 명백히 존재한다. 위험이 큰 혁신일수록 단순한 디자인은 더더욱 중요해진다. 이는 꼭 인지적인 것만이 아니다. 실제로 단순한 디자인이 그냥 보기도 좋다. 제품 디자인의 미적인 수준을 결정하는 중요한 요소 중 하나는 구성composition이다. 제품 디자인에서 좋은 구성이란, 디자인적 문제를 풀어나갈 때 불필요하거나 중요하지 않은 요소를 제외하며 문제의 본질에 가장 가깝고 단순한 해결책을 제시하는 것이다. 더욱이 단순한 제품은 주요 요소들이 좀 더 빠르게 상호작용한다는, 효율적인데다 안정적이라는 느낌을 준다.

사실 우리의 삶이 더 복잡해질수록 우리는 단순함이 주는 가치를 존중한다. 또 단순한 상품은 사용 방법을 배우는 데 드는 시간과 인지적 투자를 줄일 수 있고, 남에게 도움을 청해야 하는 상황을 최소화할 수 있다. 시장에서 고를 수 있는 대체재가 많아지고 기술의 발달로 새 상품이 넘치며 프로토콜이 급변하는 시장 상황에서 아름다움, 기능, 구조의 단순함은 현대인이 인생에서 원하는 것과도 맞아떨어진다.

단순함이 주는 편안함과 질서, 접근성, 효율성 등은 궁극적으로 상품에 대한 소비자의 신뢰도를 높여준다. 2002년 미국 전자 제품협회에서 실시한 소비자 조사에 서 87%의 소비자가 "전자 제품을 고르는 데 가장 중요한 요소는 사용 편의성Ease of Use"이라고 답했다.[84] 단순함과 사용 편의성이 정확히 같은 개념은 아니지만, 대체로 소비자는 디자인이 단순한 제품을 쓰기 편한 제품과 동일시하는 경우가 많다. 단순한 것을 접근성이 크다고 느끼기 때문이다. 여기서 접근성accessibility이란 심리적으로 '내가 쓸 수 있고, 내 사용 능력 범위 안에 있다'는 느낌을 주는 것을 말한다.

단순하되, 경험의 깊이를 담아라

글로벌 산업디자인 트렌드의 속성 중 가장 중요한 것은 단순화다. 특히 기술 중심형 혁신에서 디자인을 상품 차별화 요소로 강조해 성공한 회사들의 제품 디자인을 보면 과하지 않은 선과 형태의 단순함이 살아 있음을 알 수 있다. 그러나 디자인의 단순성이란 그저 '모양을 단순하게 하는 것'을 뜻하는 게 아니다. 여기서 반드시 명심해야 할 것, 소비자는 단순함을 좋아하는 것이 아니라 '의미 있는 단순함'을 좋아한다는 점이다. 따라서 단순하되, 경험의 깊이를 부여할 수 있도록 어느 정도의 복잡함을 단순함으로 구현해 제시할 필요가 있다.

혁신을 위한 디자인 능력이란 '무엇을 넣느냐' 가 아니라 '무엇을 빼느냐' 에 대한 통찰력이다. 어느 시점에서 멈추어야 하는지 아는 것이 중요하다. 이런 디자인 원리를 가장 단순하고 명료하게 표현한 것이 'KISS' 인데, 이는 "Keep It Simple, Stupid!"의 약어다. 전투기로 유명한 비행기 제작업체 '록히드 스컹크 웍스Lockheed Skunk Works' 의 수석 엔지니어 켈리 존슨Kelly Johnson이 처음 사용해서 널리 알려진 표현이다.[85] 전투 중이던 비행기에 기계 고장이 생겼을 때 아주 쉽고 빠르게 복구할 수 있어야 하는데, 이를 대비하면서 단순함이 중요하게 고려됐던 것이다. 가장 단순한 형태의 해결책이 가장 유용하고 효율적임을 강조하는 KISS는 이후 엔지니어링이나 소프트웨어 개발에서도 중요한 원칙이 되고 있다. 아울러 경영 전반에도 적용되고 있다.

제품에 많은 요소들을 부여하면, 초기 매력도는 올라가지만 시간이 지날수록 상품 만족도가 떨어진다. 세계적인 경영 컨설팅 기업 액센츄어Accenture의 조사에 따르면 "소비자가 반품한 제품 가운데 약 5% 정도만이 파손이나 불량 때문이고 나머지는 소비자가 상품을 어떻게 사용하는지 잘 모르기 때문"이라고 한다.[86] 또 다른 조사에 따르면 소비자가 상품 사용법을 배우는 데

20분 이상 시간을 쓰지 않으며, 이 사이에 이해가 되지 않으면 포기하고 반품하는 경우가 많은 것으로 나타났다.[87] 대부분의 소비자는 제품의 고유 기능만 이해하고자 하는 경향이 크며, 쓰던 기능만 주로 쓴다. 결국 디자인과 기능이 단순하면 반품이 많이 줄어든다고 할 수 있다.

한편 상품이 제대로 작동하지 않을 때 나타나는 소비자의 반응도 디자인의 단순함에 영향을 받는다. 단순한 제품이 고장 났을 때, 대체로 소비자는 문제의 원인을 자신에게 돌리는 경향이 있다. 그러나 복잡한 제품일수록 제품 자체를 탓하곤 한다. 이는 상품 만족도와 바로 연결이 되는 문제다. 제품의 결함이라고 생각하는 경우, 이는 당연히 상품 구매 후 만족도를 현저하게 떨어뜨린다. 단순한 디자인과 기능을 가진 제품은 소비자가 이해하기도 쉽고, 쓰기도 쉽다. 단순한 제품은 생산 시간과 비용을 줄일 수 있고, 사후 서비스 비용을 절감할 수 있다.

그러나 아무리 좋은 것도 너무 극단으로 가면 원하지 않는 결과를 초래할 수 있는 법이다. 디자인이 너무 단순하면 그에 따른 경험도 단순해져서 소비자가 쉽게 싫증낼 위험이 있고 기능과 모양을 차별화하기 힘들기 때문이다. 단순함의 반대 개념인 복잡함complication을 줄이는 것은 좋지만, 이 단순함이 소비자 경험의 풍부함과 깊이, 또는 정교함을 해쳐서는 안 된다. 풍부한 경험은 제품의 역량과도 연결돼 있다. 훌륭한 단순화란 인터페이스 뒤에서 벌어지는 복잡함을 감추거나 단순하게 만드는 능력이다. 이것이 '의미 있는 단순함meaningful simplicity'이라고 할 수 있다.

의미 있는 단순함을 추구하는 것은 쉽지 않은 일이다. 단지 모양과 선을 단순화하는 작업이 아니기 때문이다. 물론 필요 없는 요소를 빼는 것이 기본이긴 하지만, 더욱 중요한 것은 제품이 전달하고자 하는 핵심 경험Core experience을 키우는 요소를 부각하면서 단순화하는 일이다. 제품 디자인과 개발에서, 새로운 제품에 새로운 속성을 더하며 신제품을 내놓는 것이 훨씬 더 쉽다. 많은 디자이너나 개발자들이 소비자에게 유용하게 쓰일 수 있는 기술을 제품에 장착하지 않는 것은 '상당한 자제력을 필요로 하는 일'이다. 하지만 아무리 특정 디자인이나 신기술이 상당한 부가가치를 부여할 가능성이 높아 보여도, 그것이 제품 전체가 전달하는 핵심 경험에 부합하지 않으면 과감히 버릴 줄 알아야 한다. 디자인의 수준을 평가할 때 이 점을 항상 머릿속에 둬야 한다.

단순함에 대한 통찰력

CEO가 '시장이 이 제품에서 원하는 핵심 경험이 무엇인가'에 대해 깊이 이해하고 통찰력을 갖는 데서부터 의미 있는 단순함이 시작된다. 단순함이란 경험의 깊이를 없애는 것이 아니라 이를 훌륭한 인터페이스를 통해 뒤로 감추는 것이다(그림 13). 복잡함을 이용자가 느끼지 못하도록 뒤에 숨기되 기능적으로는 그 깊이를 부여할 수 있도록, 디자인은 이용자 경험과 조화를 이뤄야 한다. 디자인적인 아름다움과 이용자의 경험이 제품의 핵심에 들어맞도록 만들어야 한다. 이를 위해서는 현재 이용자가 가지고 있는 경험과 상품에 관련된 지식이 무엇인지를 알고, 어디에 깊이를 부여할 것인지 결정해야 한다.

그 좋은 예가 퓨어디지털Pure Digital이 2008년에 선보인 제품 플립 비디오Flip Video다. 당시만 해도 비디오 기능이 점점 디지털 카메라와 휴대폰으로 융합되고 있었으나, 아직 그 성능은 비디오 기기를 따라가지 못하던 때였다. 소비자가 비디오 기기를 따로 들고 다니는 것이 조금은 부담되던 때에, 자신의 일상적 발견을 타인과 공유하고 싶어 하는 젊은 층을 타깃으로 내놓은 것이 바로 이 제품이다.

기존의 소형 비디오 리코더와 비교해 크기가 약 40% 작고 (10cm×5cm) 무게가 약 85g밖에 되지 않지만 성능은 기존 카메라나 전화기의 비디오 기능보다 훨씬 훌륭했다. 이용자에게 보이는 것은 4개의 버튼과 렌즈뿐. 그러나 4개의 버튼이 이용자에게 주는 핵심 경험은 기존 비디오 못지않게 폭넓었다. 4개의 버

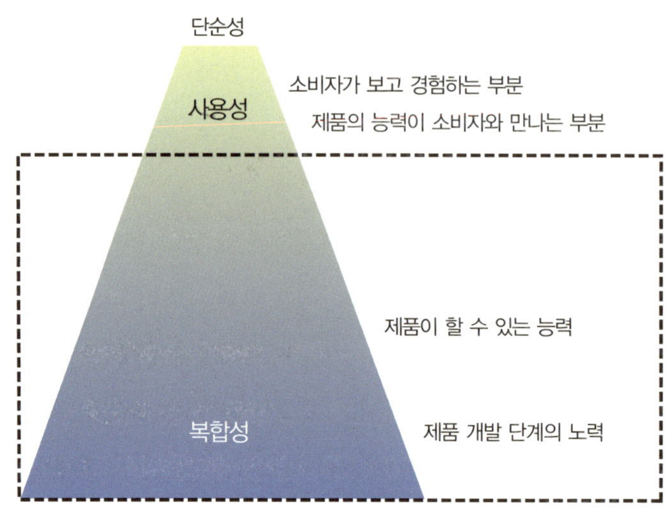

그림 13_의미 있는 디자인의 단순함

튼을 통해 플레이play, 레코드record, 딜리트delete, 줌zoom 등 모든 기능을 직관적으로 이용하게 만들었으며, USB 플러그를 내부에 장착해서 언제 어디서나 유투브Youtube, 마이스페이스Myspace 같은 SNS에 거의 실시간으로 업로드를 할 수 있었다. 소비자가 원하는 성능과 기능을 가장 잘 구현한, 소비자가 원하는 핵심 경험을 가장 효율적으로 전달할 수 있는 디자인의 제품이었다.

구글의 초기 화면 디자인도 단순한 깊이의 원칙을 잘 보여주고 있다. 구글 초기 화면은 야후Yahoo처럼 모든 것을 첫 화면에 보여주는 대신 검색창만 띄워놓은 극도로 단순한 구성이다. 이는 인터넷이나 컴퓨터와 친숙하지 않은 사람도 겁내지 않고 쉽게 다가갈 수 있는 효과가 있다. 그러나 초기 화면이 단순할 뿐 구글의 검색 기능이 야후나 기존 어느 검색엔진보다 못하지 않음을 우리는 잘 알고 있다. 구글은 검색엔진의 핵심 경험이 '이용자가 원하는 정보를 가장 쉽게, 빨리 보여주는 것'임을 일찌감치 간파했다. 그래서 입력하는 키워드에 따라 그다음에 선보이는 정보의 내용이 달라지게 만든 것이다.

특정한 디자인 개발은 디자이너의 영역이지만, 이를 평가하고 이 과정에 참가해 주도하는 것은 CEO의 중요한 역할이다. 따라서 CEO들도 '의미 있는 디자인 단순화' 과정을 충분히 이해하고 있어야 한다. 디자인 단순화 과정에서 중요한 것은 단계적 정보 공개Progressive Disclosure라는 원리다. 점진적 노출이라고도 불리는 이 원리는 이용자가 한번에 볼 수 있는 옵션의 수를 줄이고, 어떤 초기 선택을 하느냐에 따라 그다음 보이는 옵션의 내용과 수를 조절해가는 것이다.

디자인의 단순함, 특히 미니멀리즘적인 접근 방식에서 조심해야 할 점은, 자칫 사람의 감정을 딱딱하고 차갑게 만들 수도 있다는 것이다. 장식적이고 곡선적인 빅토리아 타입의 디자인은 전반적으로 사람에게 여유 있고 편안하며 아늑한 느낌을 주는 반면, 단순한 선과 형의 모던 디자인은 사무적이며 차갑고 딱딱한 느낌을 준다. 이용자가 제품 디자인이 쓰기 불편하다고 인식하기 시작하면, 이 제품을 매일 쓰는 데 부담을 느껴 결국 장식품이 될 수 있다. 그러므로 디자인에서 의미 있는 단순함을 추구하려면 인간의 감성 요소를 최대한 반영해야 한다. 자칫 차가울 수 있는 단순함을 친근함으로 바꾸는 노력이 경영 전략 전반에서 반드시 필요하다.

이처럼 제품 디자인이 성공하려면 상품 특성과 철학, 방향, 핵심 가치에 맞는 기업 전략이 전천후로 연결돼야 한다. 혁신 초기 단계, 즉 개념과 의미를 개발하는 시점부터 이런 모든 부분을 고려해야 한다. 소비자에게 진정으로 다가갈 수 있는 혁신의 의미를 찾아, 그 의미를 디자인, 속성 개발, 생산, 영업, 마케팅에 총괄적으로 반영할 때 성공 확률이 커진다.

4
디자인 특허를 보호하라

혁신과 항상 같이 검토되는 것이 바로 특허다. 특허는 발명을 한 사람이나 회사가 그 발명을 대중에 공개한다는 조건하에 특정 기간 독점권을 주는 것이다. 발명에 들어간 노력과 시간적·금전적 투자를 보호해 이를 추구할 동기를 부여하고, 부당한 침해에 민사적, 형사적 제재를 가해 공정한 기술 경쟁을 유도하기 위해서다.[88] 특허법은 크게 두 가지 종류의 지적 재산을 보호하고 있다. 하나는 기능을 구현하는 기술의 고유권에 대한 기술 특허utility patent이고, 다른 하나는 외관에 대한 디자인 특허design patent다.

우리는 오랫동안 특허의 중요성과 활용을 기술적인 부분 중심으로 생각했다. 그러나 2012년에 첫 공판이 열린 애플과 삼성의 디자인 분쟁은 그 관점을 바꾸기에 충분했다. 왜냐하면 이 특허 분쟁에서 가장 중요한 쟁점은 기술이 아닌 디자인이었기 때문이다. 특허 문제에 주로 기술적 맥락으로 접근해온 것은 미국도 마찬가지였다. 미국 법정에서도 대부분의 특허 사례는 기술 특허에 관련된 것이었다. 디자인 특허 분쟁은 주로 가구, 장난감, 보석, 패키지, 기계나 공업 디자인 등의 산업에서 볼 수 있었으나, 이번 삼성과 애플의 법정 분쟁은 IT 제품에 관한 것이어서 더 관심을 끌었다. 또한 애플이 요구한 손해배상 청구 금액이 1,000억이 족히 넘는데, 디자인 침해가 이런 어마어마한 손해배상을 불러온 것도 놀라운 일이었다.

디자인 특허의 중요성을 보이기 위해, 미디어를 통해 잘 알려진 삼성과 애플의 예를 들기는 하지만, 두 회사의 입장을 대변하거나 한쪽을 옹호하려는 생각은 없다. 특히 미국 법정 특성상 근거가 성립되지 않는 사례로도 소송을 걸기가 쉽고, 이런 경우 소송을 건 쪽이 당한 쪽보다 유리한 경우가 많다. 삼성처럼 법정 싸움을 오래 지속할 수 있는 자본이 있는 회사도 골치 아픈 일이니, 그렇지 않은 회사들은 억울해도 법적 비용을 감당하지 못해서 고소를 한 쪽과 합의하는 경우가 많다. 이를 악용해 덤벼드는 변호사들도 적지 않다. 아마 우리나라의 많은 기업도 이런 비슷한 어려움을 겪고 있지 않을까 생각한다. 이에 디자인 특허의 근본적 이슈와 시사점을 짚어보고, 이를 통해 국내 기업의 글로벌 혁신 전략을 구축할 때 알아둬야 할 점을 이야기해보자.

소비자의 주관적 지각을 반영하라

디자인 특허는 디자인의 하드웨어적인 외관, 인터페이스, 트레이드 드레스Trade Dress(색이나 촉감, 모양, 그래픽, 장식, 패키지 등 제품의 고유한 이미지를 형성하는 요소로, 상품 외장이라고도 한다)에 대한 창조성과 고유성을 인정하고 보호하는 지적 재산법이다. 1842년 미국 법정이 조지 브루스George Bruce가 고안한 글자체에 디자인 특허를 인정한 것이 시작이었다. 2011년 중반 통계로 약 64만 건의 디자인 특허가 미국에 등록돼 있다.[89]

아마도 세계적으로 가장 잘 알려진 디자인 특허는 1915년 11월에 발행된 No.48, 160, 코카콜라의 병 모양일 것이다. 그 밖에도 뱅앤올룹슨Bang&Olufsen의 스피커, 다이슨의 날개 없는 선풍기 등도 우리에게 잘 알려진 디자인 특허 상품의 예다. 특히 한국의 삼성은 디자인 특허에 많은 노력을 기울인다. 실제 삼성은 2011년과 2012년, 미국에서 어떤 글로벌 회사보다도 디자인 특허를 많이 받은 기업이었다.[90] 특허는 또한 기업 간에 사고팔기도 하는데, 최근 관심을 모았던 경우는 대만의 폭스콘Foxconn이 구글에게 넘긴 구글글래스Google Glass의 디자인 특허였다.

'디자인 특허를 침해했느냐 아니냐'는, 특허를 받은 디자인과 정확히 같지는 않더라도 '상당히 비슷하다substantially similar'는 것을 증명할 수 있는가에 따라 판가름 난다.[91] 사실 디자인 특허를 발행하고 고유 권한을 인정하는 미국 법원에서도 비교적 최근까지 디자인 특허의 침해를 판정하는 데 상당히 어려움을 겪었다.

예전에는 디자인 특허 침해를 증명하려면 두 가지 테스트를 통과해야 했다. 첫 번째는 일반 관찰자 테스트Ordinary Observer Test고 두 번째는 신규성 항목 테스트Point of Novelty Test다. 일반 관찰자 테스트란 일반 이용자의 눈으로 볼 때 전체적 외관이 비슷한지 아닌지 보는 것이며, 신규성 항목 테스트란 해당 아이템이 특허를 받은 디자인의 독특한 요소를 베꼈는지 보는 것이다.

이 가운데 특히 신규성 항목 테스트는 상당히 까다로운 조항이다. 디자인 특허의 '독특한 요소'라는 것이 그 전에 존재하던 디자인들과 다르다는 것을 먼저 증명해야 하기 때문이다.[92] 이를 위해서는 '중요한 변화 검증Non-trivial Advance Test'이라고 불리는 테스트를 통해 해당 디자인 특허가 갖고 있는 특징이 기존에 존재하던 다른 디자인들과 비교해 중요한 변화가 있음을 보여야 하는데, 이는 디자인의 속성상 쉬운 일이 아니다.

이러던 것이 2008년 9월 22일, 손톱 연마기의 디자인을 놓고 벌어진 '이집션가디스 대 스위사Egyptian Goddess, Inc. v. Swisa' 판례를 계기로 특허 보유자에게 유리하게 바뀌었다. 이제 디자인 특허 침해가 신규성 항목 테스트 없이 일반 관찰자 테스트를 만족시키는 것만으로 충분히 성립하게 된 것이다. 따라서 디자인 특허 분쟁에서 소비자의 인지와 행동이 더욱더 중요해졌다.

또 한 가지 중요한 변화는, 디자인 특허를 위해 더 이상 글로 된 자세한 설명 없이 시각적인 표현만 보여주면 되도록 한 점이다.[93] 디자인 특허를 가진 개인이나 회사는 특허 침해 성립을 증명하는 데 따르는 부담과 어려움이 현저히 줄어들게 되었다.

디자인 정당성을 구축하라

일반 관찰자 테스트의 핵심은 소비자가 구매할 당시 두 제품의 디자인을 혼동하는지를 배심원이 판단하는 것이다.[94] 객관적이고 세부적인 제품 스펙에 따른 부분 비교보다는, 소비자의 총체적이고 주관적인 느낌, 그리고 실제 판매 상황에서 나타나는 구매 행동에 근거한다고 보면 되겠다. 예를 들어 아이폰의 모서리가 둥근 것을 삼성이 도용했다는 논지보다는, 둥근 모서리와 인터페이스, 그리고 여러 트레이드 드레스의 요소들이 조합된 제품의 전체적인 외관이 일반 소비자가 보기에 얼마나 애플 제품과 비슷했는지, 이로 인해 소비자가 두 제품을 혼동하게 됐는지가 쟁점이 된다. 이러한 소비자의 주관적 판단을 법정에서 증명하기 위해 종종 설문조사 결과를 증거 자료로 제출한다.

실제로 애플과 삼성의 법정 싸움에서도 설문 조사 결과가 중요한 역할을 했다. 애플 측에서 제시한 설문 결과에 따르면 약 12%의 소비자가 삼성의 태블릿과 애플의 아이패드를 혼동했고, 약 38%가 삼성의 스마트폰과 애플의 아이폰을 혼동했다.[95] 이런 데이터가 얼마나 실제 상황을 반영했는지에 대해 논란의 여지는 충분하나, 소비자의 주관적 해석이 디자인 특허 분쟁에서 얼마나 중요한 부분인지 보여주는 예라 할 수 있다.

첨단 소비자 가전제품을 디자인하면서 소비자가 주관적·총체적으로 다르게 인지할 수 있도록 만드는 것은 상당히 어렵다. 위에서 자세히 논의했듯이 세계적인 트렌드가 복잡한 외형보다 단순함을 선호하는 미니멀리즘minimalism에 치우쳐 있기 때문이다. 미니멀리즘은 '형식은 기능을 따른다Form follows function'는 모더니즘 디자인 원리에 바탕을 두고, 최대한 단순하고 기본적이면서도 아름다운 도형 형태를 취한다. 단순함을 강조하다 보니 제품 디자인을 차별화할 수 있는 여지가 많지 않다. 예를 들어 최근 TV 디자인의 바깥 베젤(프레임) 부분이 점점 얇아지는 추세인데, 이것이 너무 얇아지고 작아지면 디자인으로 차별화할 수 있는 부분이 스탠드밖에는 남지 않는다. 이마저도 TV를 벽에 걸게 되면 디자인으로 구별하는 것이 아예 불가능해질 수도 있다.

또한 소비자들은 이런 단순한 디자인에서, 부분의 독창성보다 전체적인 형태를 인지하는 경우가 많다. '전체는 부분들의 단순한 합 이상'이라는 게슈탈트 인지 프로세스gestalt perception에 따른 결과다. 곧 물건 부분부분의 차이가 따로 의미를 형성하는 게 아니라, 부분과 패턴, 그리고 여러 디자인 요소가 더해져 전체 인상을 결정한다는 것이다. 또한 이 프로세스에서 중요한 것은 외관에 대한 주관적 해석이다. 합쳐진 전체가 무엇을 의미하는지에 대해 개인마다 다르게 해석하는 경우가 많다. 특히 특정 디자인을 가진 아이템이 소비자에게 중요한 의미를 전달하면, 소비자는 그 디자인이 그 아이템만의 것이라고 생각하게 된다. 이른바 디자인 고유성을 더 크게 인지하는 것이다. 다시 강조하면, 디자인 특허의 법정 판결은 구체적인 디자인의 세부사항보다는 이 세부사항이 모여 그려내는 전체 이미지에 달려 있다. 또한 소비자가 그 디자인에 대해 어떤 경험을 갖고 있고 얼마나 중요하게 생각하느냐에 따라 특정 디자인의 고유성을 판단하게 된다(그림 14).

그러니 더더욱 진정 의미 있는 혁신이 무엇인지에 대해 근본 생각부터 바꾸어야 한다는 것이다. 지금까지는 대체로 회사가 보유한 특허 수, 특히 기술 특허 수가 회사의 혁신 능력을 측정하는 도구로 사용돼왔다. 하지만 실제 대부분 기술 특허는 실용적인 가치가 없으며, 오히려 법정 분쟁거리를 제공해 혁신을

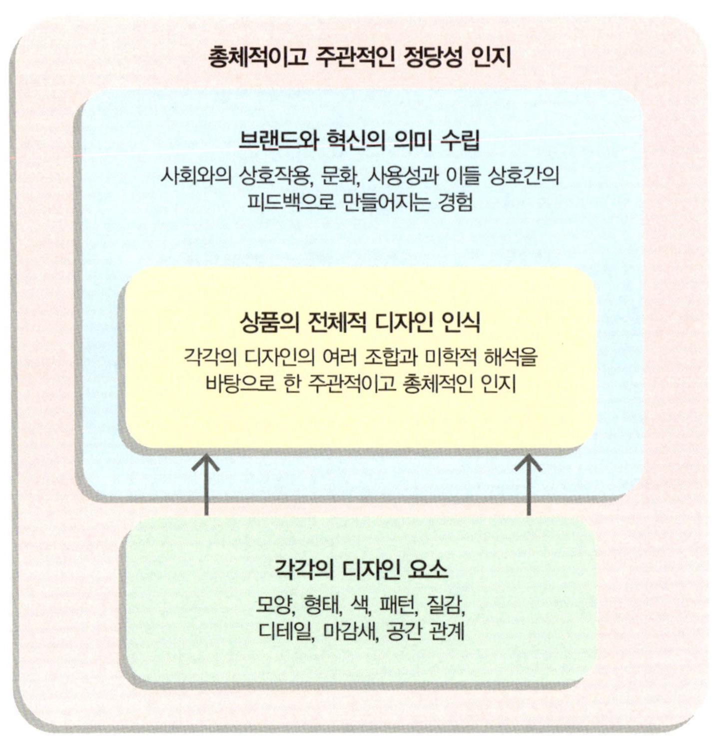

그림 14_소비자가 디자인의 고유성을 인식하는 과정

가로막기도 한다는 우려가 크다.

기업 혁신은 새 상품과 비즈니스 모델이 얼마나 근본적으로 소비자의 복지와 정신적 만족을 높이고, 소비자 마음에 얼마나 중요하게 자리 잡았는지에 달려 있다. 시장 가능성이 있는 발명을 혁신으로 전환하는 데 디자인은 대단히 중요한 역할을 한다. 고유하고 창조적이고 새로운 디자인이란 그저 상품을 보기 좋게 만드는 데 그치지 않는다. 기술을 먼저 결정하고 이를 가장 잘 포장하는 디자인을 만드는 것이 아니라, 구현하고자 하는 의미를 디자인에 반영해 이에 가장 적합한 기술을 선택해야 한다. 의미가 디자인과 필요한 기능을 결정하고, 이를 마케팅과 소비자 커뮤니케이션으로 증축하는 전략이 강조돼야 한다.

5

환경과 혁신으로
소비자를 리드하라

이제 기업은 더 이상 소비자가 원한다고 해서 무조건 상품을 만들어 제공해서는 안 된다. 소비자가 원하는 것을 구현하는 것을 넘어서 혁신으로 소비자를 이끌어야 한다. 특히 사회 환경과 조화를 이뤄나갈 수 있는 방향에 대해 깊이 고민해볼 필요가 있다. 근대화와 현대화의 성장 집중적인 고객 만족 제일주의 경영 패러다임이, 이미 많은 환경적·사회적 문제를 불러왔다. 이제 우리는 성장 자체만큼이나 성장을 위해 치러야 하는 값이 무엇인지도 동시에 고려해야 한다. 창조하는 것만큼이나 낭비되는 것에 대해 창조적인 해결 방법을 찾아야 한다.

특히 관심을 둬야 하는 이슈가 바로 우리가 버리는 쓰레기로 인한 환경 문제다. 이제껏 비즈니스 활동은 어떻게 좋은 것을 어떻게 내놓아 어떻게 소통해서 어떻게 더 많이 팔아 이윤을 올리느냐에 집중됐다 해도 과언이 아니다. 팔고 난 다음 소비자가 소비한 물건을 어떻게 폐기하느냐는 관심 밖의 일이었다. 어찌 보면 다소 벗어난 주제 같지만, '쓰레기'는 소비라는 행위에 반드시 따라오는 동전의 양면이다. 어떤 종류의 폐기물은 자연의 시스템 안에서 해결될 수도 있다. 그러나 많은 경우, 특히 우리가 기업 생산 활동으로 만들어낸 상품들은 저절로 분해되지 않는 폐기물인 경우가 대부분이다. 그중에 가장 심각한 것이 플라스틱과 비닐 처리다.

한번 땅에 묻히면 영원히 썩지 않는 비닐봉투. 문제는 그렇게 매립되는 비닐의 양이 너무도 많다는 것이다. 바다와 산과 들에 버려지는 비닐과 플라스틱 폐기물들은 생태계에 위협적인 존재가 된 지 오래다. 바다에 유입된 비닐 등으로 인해 생명을 잃는 동물의 수가 연간 100만 마리, 바다에 서식지를 두고 살아가다가 그 때문에 목숨을 잃는 새들의 숫자 또한 약 100만 마리에 이른다.[96]

플라스틱은 물론 비닐봉투의 원료 또한 석유다. 우리가 쓰는 비닐봉투가 전 세계적으로 매년 약 5,000억 개에서 1조 개 정도다.[97] 2초에 약 100만 개가 소비되는 셈이다. 이런 비닐봉투를 생산하는 데 드는 석유의 양은 무려 16억 갤런으로, 이만 한 양의 석유로 비닐봉투를 만드는 데 사용되는 에너지와 이때 발생하는 독성 가스 등도 큰 문제다. 비닐 제품을 재활용한다고는 하지만 실제 재활용 비율은 비닐봉투의 경우 5%, 플라스틱 물통은 약 15%가 채 되지 않는다. 또한 다시 제품으로 생산한다고 해서 능사가 아니다. 그 과정에서 에너지는 물론 자원까지 재투입되기 때문이다. 게다가 그때 배출되는 오염 물질은 새로 만들어진 플라스틱 제품에서 배출되는 오염 물질보다 양도 더 많다.

가장 좋은 해결책은 덜 쓰는 것이다. 그러나 플라스틱 수요는 줄지 않는다. 더 편하고 쉽고 간단한 삶의 방식을 추구하는 우리의 무분별한 욕구 때문일지도 모른다. 이에 '혁신적 아이디어'로 문제를 해결하려는 브랜드들이 생겨나고 있다. 그중 한 예가 버블bobble이다. 버블의 기본 아이디어는 편하게 가지고 다니면서 필요할 때마다 수돗물을 정수해서 마실 수 있는 물통이다.

버블_환경과 사람, 미래를 위한 물

현재 세계 음료 시장에서 가장 큰 성장을 기록 중인 제품은 맥주도 주스도 아니다. 바로 생수다. 1990년에서 2005년 사이 생수 시장은 약 4배나 성장했다. 세계 시장 규모는 2006년 약 600억 달러, 2012년에 이르러 미국에서만 약 118억 달러로 성장했다.[98] 미국인 한 사람이 한 해에 대략 222병의 생수를, 일주일에 약 4병의 생수를 소비하는 꼴이다. 생수 소비와 함께 버려지는 플라스틱 병은 지구의 폐기물 문제를 더 심각하게 만들고 있다. 게다가 이 플라스틱 병을 만드는 데 쓰이는 석유는 약 100만 대의 자동차가 1년 동안 쓰는 양과 맞먹는다고 한다.[99]

생수 소비의 이면에는 간편함과 건강을 추구하는 소비자 요구와 함께 "맑고 깨끗한 생수를 마시는 것이 건강에 더 좋다"라는 생수 회사들의 메시지가 자리하고 있다. 그러나 대부분의 생수는 강이나 호수의 물을 필터로 정수하거나 증류 과정을 거친 뒤 플라스틱 통에 담아 파는 상품일 뿐이다. 실제 생수 값의 90%는 이 플라스틱 병 값이라 생각해도 틀리지 않다.

또한 '생수를 마시는 것이 더 건강하다' 는 메시지도 논의가 필요한 부분이다. 미국에서는 1950년 이후 수돗물에 불소를 넣어 이가 상하는 것을 방지하고 있는데, 증류수의 경우 이러한 장점이 없다. 실제로 1999년에 실시한 미국 천연자원보호협회 NRDC 연구에 따르면 약 22%의 생수에서 건강에 영향을 미치는 화학 성분이 발견됐으며, 오랜 기간 사용 후에는 건강상 문제를 일으킬 수 있음을 경고했다.[100] 더욱이 최근에는 플라스틱 병에서 성호르몬을 교란하는 여성호르몬과 비슷한 성분의 화학 물질이 발견됐다는 연구도 있었다.[101] 이런 문제 때문에 여러 소비자

단체와, 특히 학교에서 생수 소비를 줄이기 위해 노력하고 있다. 예를 들어 헤라드보건대학교, 워싱턴대학교, 버몬트대학교 등에서는 자판기 생수 판매를 금지하고 있다.[102]

하지만 이런 문제의식을 가지고 있다고 하더라도, 이미 형성된 고객의 소비 성향을 변화시키는 것은 쉽지 않다. 수돗물 위생에 대한 신뢰가 부족한 상태에서 아무리 '수돗물이 깨끗하고 안전하다'고 주장해봐야 공감과 호응을 얻기는 어렵다. 버블은 이런 부분에 착안해서, 소비자가 환경 영향이 적으면서 깨끗한 물을 편리하게 즐길 수 있는 비즈니스 모델을 만들었다.

세계적으로 유명한 상품 디자이너, 동시에 레스토랑과 인테리어 디자이너인 카림 라시드Karim Rashid는 플라스틱에 담아 파는 물의 소비를 줄이고자, 여러 디자이너들과 함께 버블을 만들었다. 카림 라시드는 한국과도 인연이 많은 디자이너다. 얼마 전 현대자동차와 같이 '디자인과 테크놀로지가 만난다'는 콘셉트로 현대의 PYL 마케팅과 'i40 아트 카Art Car'를 디자인했으며, 그의 디자인 '카림 라시드 스페셜 컬렉션Karim Rashid Special Collection'이 2013년 서울 모터쇼에서 발표되기도 했다.[103]

그는 자신의 재능으로 지구 환경 보호에 기여할 수 있는 방법을 찾다가 뉴욕 맨해튼에 자리한 '무브 컬렉티브Move Collective LLC'라는 비영리 디자이너 그룹과 손을 잡았다. 그들과 함께 만든 혁신이 버블이다. 버블의 기본적 콘셉트는 '수돗물을 정수하여 먹는 것'이다. 생수가 필요할 때마다 사 먹는 것이 아니라, 버블이라는 물통을 들고 다니며 수돗물을 정수해서 마시게 하는 것. 플라스틱 병에 담아 파는 생수 소비로 인한 환경 문제를 완화하고, 고객을 행복하게 하는 건강법을 만들어내자는 취지에서 탄생한 노력이다.

이를 런칭하기 위해 많은 이들이 오랜 시간 아이디어를 모으고 시제품을 테스트했다. 사용하기 편하고 미적으로 아름다운 상품 디자인 자체도 개발에 시간이 걸리지만, 건강을 걱정하고 동시에 환경을 생각하는 소비자에게 진정으로 다가갈 대체재를 만들기 위해서는 더더욱 여러 방면으로 고려해야 했기 때문이다. 버블은 입구 안쪽에 필터를 달아 영구 사용이 가능하게 했다. 휴대하기 쉽고 손에 쥐기도 편해서 기존 생수의 편리성 또한 그대로 제공하고 있다. 그러나 이를 현실화하기 위해 고려할 사항은 한두 가지가 아니었다(그림 15).

먼저 화학 물질이 전혀 녹아 나오지 않는 안전하고 견고한 플라스틱을 사용해야 했다. 그리고 이 플라스틱은 완전히 재활용할 수 있어야 했다. 또한 운송 비용과 환경 공해를 줄이기 위해 되도록 미국 내 멀지 않은 지역 시장에서 공급 사슬을 만들어낼 수 있어야 했다. 또한 이 병의 매력 가운데 하나는 형태다. 병을 손에 쥐고 눌러서 내용물을 짜내는 방식으로, 손에 쥘 때의 압력, 느낌과 촉감에 대해서도 세심하게 신경을 썼다. 유해한 화학

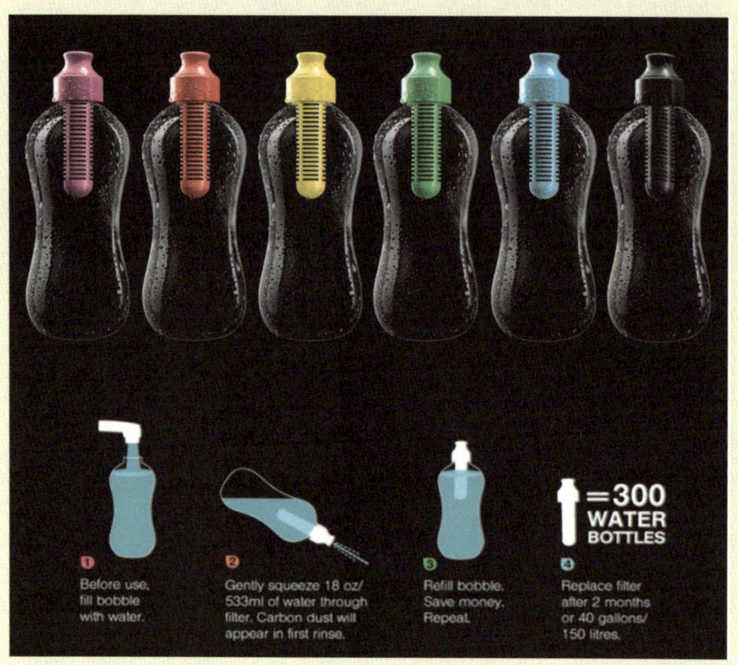

그림 15_버블의 혁신 과정

Picture by courtesy of bobble.

물질, 탄소 문제, 디자인은 물론 어떻게 사용하고 필터를 어떻게 교체하는지 등 모든 측면의 고민을 거친 끝에 탄생한 것이다. 또한 입구 안에 들어가는 적합한 필터를 고안해낼 때도 고려해야 할 사항이 많았다. 작지만 파워풀한 성능에, 수명이 다하면 필터만 쉽게 교체할 수 있는 디자인으로 만들었다. 필터의 수명은 약 300번인데, 이를 사용함으로써 약 300개의 플라스틱 물통 쓰레기를 줄일 수 있다. 필터의 수명이 다할 경우 필터만 따로 구입할 수 있어서 플라스틱 낭비가 대폭 줄어든다.

'화장품과 물은 통 값이 더 나간다'는 농담이 있다. 여러 상품군에서 그렇지만, 화장품이나 생수처럼 소비가 품질을 증명하기 어려운 상품군에서 특히 '포장'은 중요한 역할을 한다. 버블은 포장과 통이 상품의 내용과 모양을 지키고 소비자의 마음을 잡는 디자인 요소를 넘어 '상품의 핵심 경험'이 되도록 만들었다. 곧 통이라는 속성이 소비의 가치를 결정하는 주된 요인이 되어, '내 건강을 지키는 소비가 환경도 지킨다'는 의미 있는 의미를 구현하는 데 성공한 것이다. 이에 대한 소비자의 반응 역시 뜨거웠다. 시작한 지 몇 년 되지 않은 2012년, 약 4,000만 달러의 판매고를 기록했고, 현재 약 33개국에서 인기리에 팔리고 있다.[104]

이런 노력을 기업의 사회적 기여라는 제한적인 차원으로 보는 것은 옳지 못하다. 더욱이 사회와 환경에 대한 노력을 기업

이미지를 높이는 노력 가운데 하나로만 보는 편협한 관점은 버려야 한다. 버블이 그랬듯이, 환경을 고려하는 것 자체가 혁신 브랜드 탄생으로 이어질 수도 있다는 점을 명심해야 할 것이다. 실제로 지속 가능한 의미의 혁신이 되려면 '사회와 환경'을 반드시 고려해야 한다.

예전에 물자가 부족하던 시절에는 제품이나 서비스가 제공하는 본원적 기능 자체가 중요했다. 손빨래를 대신해줄 세탁기, 설거지를 대신해줄 식기세척기, 이동 중에도 통화할 수 있게 해주는 휴대폰 등, 소비자들은 당장 자기에게 닥친 문제를 해결해줄 기능에 초점을 맞춘 상품을 원했다. 기업들은 소비자들이 원하는 기능을 계속해서 추가하며 소비자들의 만족과 행복을 극대화하는 데 힘썼다. 그러나 소비자들은 교육과 경제적 수준이 높아질수록, 자신의 소비가 사회와 환경에 미치는 영향을 생각하게 된다. 오히려 기능은 단순하고 상대적으로 좀 떨어지더라도 '의미 있는 소비'를 원하는 소비자들이 늘어나게 된 것이다(그림 16).

파타고니아Patagonia와 지프카 Zipcar 또한 바른 소비를 권장하며 소비자에게 가치를 전달하고자 하는 비즈니스 모델의 좋은 사례다. 앞서 지적한 것처럼 현대 사회는 소비자의 과도한 소비 욕구와 이를 악용하는 기업의 탐욕 때문에 여러 문제를 드러내고 있다. 제품 옵션이 너무 많고 업그레이드는 너무 잦아서 하나

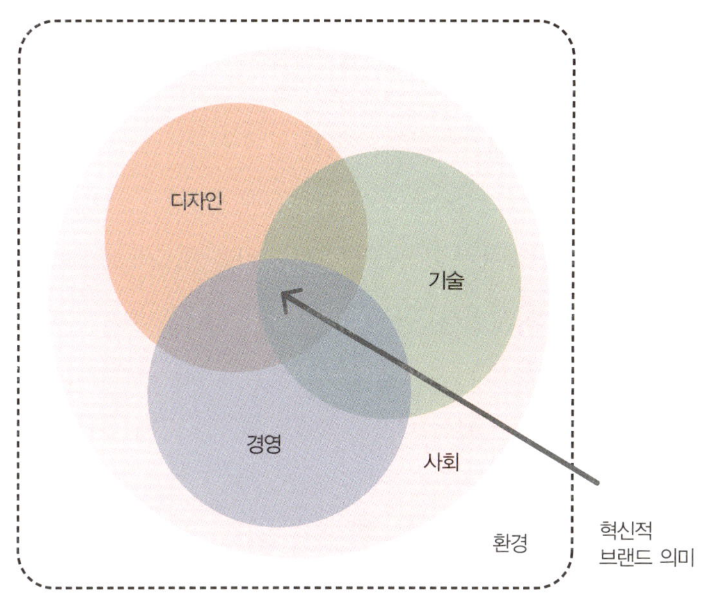

그림 16_의미 있는 소비를 이끄는 혁신적 브랜드 의미

의 물건을 소유하고 사용하는 시간이 점점 줄어든다.

그리고 이는 지구촌 환경 문제를 불러오는 주요 요인이 되었다. 기업은 적은 물자와 적절한 노동 단가로 소비자 요구를 최대한 만족시키는 것을 목표로 해야 한다. 기업의 지속 가능성을 위해서도 이런 방식이 바람직하다. 파타고니아와 지프카는 이런 철학을 브랜드의 핵심 비즈니스 모델에 접목해, 소비자를 좀 더 바람직한 소비로 이끌며 성장하고 있다.

파타고니아_ 적게 사는 것의 가치를 실현

파타고니아는 1973년에 창립한 고가의 아웃도어 용품 회사다. 주로 등산, 서핑, 스키 용품 등을 다루는데, 파타고니아의 중요한 기업 미션 중 하나는 환경을 생각하는 상품 제조와 유통이다. 모든 상품은 친환경적인 재료로 만들어지며 환경 보호를 위해 약 10%의 이윤을 기부하는 모델을 가지고 있다. 비싸더라도 좋은 것을 사서 오래 사용하는 것이 개인과 환경 모두에 좋다는 철학을 가지고 비즈니스를 운영한다. 그러나 여기서 파타고니아를 예로 든 것은 이런 비즈니스 모델 자체 때문이 아니다. 그보다는 이 회사가 그들의 엔진으로 삼고 있는 성장 모델의 혁신성 때문이다. 그것은 바로 소비자에게 '자신들의 상품을 덜 사게 하는 것'이다(그림 17).

어떻게 하면 소비자가 더 많이 소비하고 자주 업그레이드를 하게 하느냐가 거의 모든 비즈니스의 관건인 것을 생각하면, 파타고니아의 성장 모델은 기존 비즈니스의 전제를 뒤집는 좋은 예다. 소비자에게 적게 사는 것을 강조한다고 해서 궁극적으로 판매가 줄지는 않는다. 실제 이 통찰력 있는 혁신적 모델을 통해 파타고니아는 브랜드 충성도를 높이고 비약적인 성장을 한다. 특히 '커먼 스레드 이니셔티브Common Threads Initiative'는 파타고니아와 소비자가 소비로 인한 환경 문제를 서로 도와 해결하자고

그림 17_파타고니아의 '커먼 스레드 이니셔티브'

Picture by courtesy of Patagonia, Inc.

한 일종의 약속이다. 여기서 강조하는 것은 4R이라는 소비 원칙인데, 버리는 양을 줄이고Reduce 고쳐서 사용하고Repair 필요치 않은 것을 다른 사람이 사용하도록 하고Reuse 버리게 될 경우 재활용할Recycle 수 있도록 상품을 디자인하고 유통 채널을 마련하는 것이다.[105]

이런 소비를 권장하는 것이 가능한 이유는 파타고니아가 처음 옷을 생산할 때 수명이 긴, 좋은 재료를 사용하기 때문이다. 또한 소비자가 더 이상 사용하지 않는 파타고니아의 옷을 가게로 가져오면, 파타고니아의 리퍼비시 센터refurbish center로 수송돼 옷감이 분해되고 이를 재료로 새로운 물품들이 만들어진다. 뿐만 아니라 파타고니아는 이베이와 협력 관계를 갖고 소비자가 파타고니아의 새 옷을 사기 전, 이베이에 중고가 있는지 먼저 확인한 뒤 쇼핑하도록 유도한다.[106] 더불어 소비자에게 충동구매의 문제점들을 상기시키며 '신상품은 꼭 필요할 때 구입하라'는 메시지를 보낸다. 자기 회사의 물건이 중고 시장에 나와 신상품 판매에 나쁜 영향을 줄까 걱정하는 기존 패션 업계의 관행으로는 상상하기 힘든 대담한 발상이 아닐 수 없다.

파타고니아는 재고를 처리하는 방법 또한 독특하다. 의류 산업을 포함한 많은 상품군에서 중요한 것이 재고 정리다. 재고를 정리하지 못하면 이것을 창고에 보관하는 데 비용이 들게 마련이다. 그래서 될수록 빨리 재고를 처리해 다음 시즌에 필요한 자본을 마련하는 것이 기본이고, 이 과정에서 잘 팔리지 않는 모델과 재고는 할인 판매 등을 통해 빨리 처분하는 것이 관례다. 그러나 파타고니아의 재고 처리는 이와 조금 다르다. 회사 차원에서 이베이를 통해 중고와 재고를 수거해서, 이를 재난 피해자들에게 기부하는 방식이다.[107]

이렇듯 파타고니아는 소비를 부추기기는커녕 되도록 새로운 소비를 줄이는 것을 강조하고 그 실행 방법과 모델을 소비자에게 제시하면서, 자신들의 메시지가 결코 입바른 말로 끝나는 것이 아님을 보여줬다. 이 진실성으로 가득한 '환경에 대한 혁신 모델'은 그들이 성장하는 데 큰 원동력이 됐다. 2011년 파타고니아는 약 5억 달러 매출을 기록하는 등 지난 2년간 매년 35%의 놀라운 성장률을 보이고 있다. 회사 창업자인 이본 취나드Yvon Chouinard는 자신의 비즈니스 결정에 대해 이렇게 말한다.

언제나 옳은 일을 하려 노력하다 보면, 그것이 좋은 비즈니스로 연결된다.[108]

지프카_분할 소유와 협력적 소비의 조화

지프카의 기본 콘셉트는 분할 소유와 협력적 소비다. 상업적인 분할 소유는 1960년대 호텔 리조트를 여러 사람이 사서 시간을 나누어 이용하는, 우리나라에서는 '콘도'라는 이름으로 알려진 모델이 그 시작이었다. 이 서비스 모델을 교통 산업에 이용한 것은 1986년 넷제츠NetJets라는 브랜드가 처음이었다.[109] 회사들이 개인용 제트기를 같이 사용하는 것에 착안해서, 럭셔리 제트기를 여러 사람이 함께 관리하고 이용하는 서비스 제품이다.

협력적 소비란, 소유자들이 물건을 안 쓰고 방치하는 시간에 다른 사람들로 하여금 이용하게 해서 이용도를 최대화하고, 이용자들은 물건 소유와 사용을 다른 사람과 함께 해서 비용을 낮추는 방식으로 이루어진다. 저렴한 상품을 구입해서 자주 업그레이드하는 대신, 더 좋고 비싼 물건을 사서 서로가 필요할 때 공동으로 나눠 쓸 수 있는 것이다. 이처럼 하나의 물건을 여럿이 함께 나누어 사용하는, 다시 말해 물건의 사용 권리 일부를 보장받는 것이 지프카의 핵심 비즈니스 모델이다.

또한 지프카는 기본 대여와 비슷하기는 하지만 차를 빌리는 것이 하루가 아니라 시간 단위라는 점에서 큰 차이가 있다. 또한 이용자가 자동차 대여점을 방문해 여러 절차를 거쳐 차를 빌리는 기존 방법과 달리 인터넷에서 필요한 정보를 입력해 접수한 뒤 가까운 차고의 차를 시간제로 예약해 사용한다. 나도 실제로 지프카를 이용해봤는데, 뉴욕이라는 복잡하고 물가가 비싼 도시에서 차를 소유하고 이용한다는 것이 여러 가지로 부담스러운 가운데 참으로 유용한 서비스 모델이었다. 주차하기도 어렵고 주차비도 비싼 곳에서 아무런 걱정 없이 필요할 때만 차를 요긴하게 쓸 수 있다는 점에서 말이다(그림 18).

이 서비스를 통해, 차를 보관하고 유지하고 관리하는 데 들어가는 비용도 훨씬 낮출 수 있다. 더불어 자원의 불필요한 낭비는 물론 상품 폐기로 인한 환경오염도 많이 줄일 수 있다. 또 주차장 같은, 도시에서 귀한 자원을 더 잘 활용할 수도 있다.

공동 사용을 기본으로 하는 지프카 모델은 '이용자가 시간 약속을 얼마나 잘 지키느냐'에 성공 여부가 달려 있다. 오후 2시부터 4시까지 예약한 이용자는, 반드시 차를 4시까지 차고에 가져다놓아야 한다. 그래야 이 서비스 시스템이 원활하게 돌아갈 수 있다. 이를 관리하기 위해서는 이용자 현황을 실시간으로 모니터할 수 있어야 하고, 그러려면 이용자의 운전 기록을 따라가는 위성기술신호 시스템이 필요하다.

사실 이 시스템을 처음으로 상업화한 업체는 영국의 자동차보험 회사였다. 기존 자동차보험 회사의 경우, 보험료를 책정할 때 운전자의 과거 사고 기록을 바탕으로 앞으로 사고에 대한 위험 정도와 차종 등을 판단하게 된다. 하지만 영국의 노위치유니언Norwich Union은 이 분야에 혁신을 도입했다.[110] 위성기술을 사용해서, 운전자의 실제 운전 행동을 바탕으로 사고 확률을 측정하고 적절한 보험료를 산출하도록 한 것이다. 차에 인공위성과 연결된 블랙박스를 장착해 고객이 밤에 얼마나 자주 그리고 오래

그림 18_지프카

Picture by courtesy of Zipcar.

운전하는지, 어느 지역을 주로 다니는지, 안전벨트를 하는지 안 하는지, 방향 지시등을 제대로 쓰고 있는지, 교통 신호를 잘 지키는지, 속도를 얼마나 내는지 등을 기록할 수 있다. 이를 바탕으로 되도록 안전 운행을 하는, 사고 위험성이 비교적 적다고 판단되는 고객의 보험료를 낮춰주는 방법이다.

주행거리 연동 보험pay-as-you-drive으로 불리는 이 같은 혁신을, 미국에서도 프로그레시브Progressive라는 보험 회사가 도입해서 시장에 적용하려 노력했지만 결국 실패하고 만다.[111] 소비자들로서는 '보험료를 합리적으로 깎을 수 있다'는 이익보다 프라이버시 침해라는 손해가 더 크게 느껴졌던 것이다. 운전 중에 신호위반을 하든 말든 미국인들에게 '내 운전 행위가 쉴 새 없이 기록된다'는 것은 매우 불쾌한 일이었다. 대신 이 기술에는 다른 의미가 붙어 자동차 업계에서 상업화에 성공한다. GM의 'Subsidiary Onstar'라는 서비스가 그것이다. 기본 기술인 위성감시 시스템에, 자동차 도둑을 방지하는 보안 시스템, 교통사고가 났을 때 자동적으로 구급차 등의 도움을 요청하는 안전 시스템의 의미가 덧붙여졌고, 이는 큰 성공으로 이어졌다.

지프카에 적용된 이 시스템의 가장 중요한 장점은 사실 이를 통해 많은 인력을 줄일 수 있다는 재정적인 면에 있었다. 그에 따라 이용자가 내야 하는 서비스 수수료도 줄어들었지만, 지프카는 이런 의미를 전면에 내세우지 않았다. 대신 이용자의 운전 정보를 실시간으로 체크하는 것은 이용자가 지프카를 사용할 때 시간 문제로 과도하게 신경을 쓰지 않도록 하기 위해서라고 강조했다. 더불어 만에 하나 사고가 발생했을 때 빠르게 도움을 받을 수 있도록 하기 위해서라는 점까지. 이런 의미는 지프카에게 큰 성공을 가져다주었다.

어느 해던가 폭설이 내리던 날 나도 지프카를 이용한 적이 있다. 어쩌다 눈밭에 차 열쇠를 떨어뜨리고 말았는데 아무리 찾아도 도무지 보이지 않았다. 전화를 걸어 도움을 요청하자 곧바로 견인차를 보내줬는데, 편리하게도 차 있는 위치를 애써 설명할 필요가 없었다. 똑같은 기술적 혁신이라도 어떤 의미가 붙느냐에 따라 이용자의 인식까지 변하게 되는 예일 것이다.

지프카는 2012년 기준 약 2억 8,000만 달러 판매로 연간 약 14%에서 16%의 성장률을 기록했다.[112] 2012년은 지프카가 처음으로 이윤을 낸 해이기도 하다. 약 1,500만 달러의 이윤을 내고 2013년에도 훌륭한 성장률을 기록하면서 브랜드 입지를 다지고 있다.

우리는 착한 비즈니스는 수익이 적고, 비영리 단체의 영역이며, 기업의 주 핵심 모델이 아니라 작은 분과에서 실행하는 사회적·환경적 기여 활동이라고 생각하는 경향이 있다. 하지만 버블, 파타고니아, 지프카는 환경을 고려하고 바람직한 소비를 도모하는 혁신 아이디어가 브랜드의 근본 비즈니스 모델이 된 사레다. 성장을 위해 반드시 소비를 부추겨야 한다는 전제를 뒤엎고, 착한 회사로서 소비자의 충성도와 신뢰를 바탕으로 튼튼하게 성장하는 기업들인 것이다.

마지막으로 기업에 중요한 숙제를 던지며 이 이야기를 마무리하고자 한다. 개인적으로 플라스틱 폐기물보다 더 심각하다고 생각하는 것은 전자 폐기물electronic waste이다. '이-웨이스트E-waste'라 말하기도 하는데, 수명이 다하거나 구식이 돼 버려지는 휴대폰, 컴퓨터, 냉장고, TV, MP3 등 전자제품과 부품들이 그것이다.[113]

전자 산업은 세계적으로 제조업 가운데 규모가 가장 큰 산업으로, 성장 속도 또한 어느 분야보다 빠르다. 한국에서도 전자 산업이 전체 산업에서 차지하는 비중이 상당하다. 어찌 보면 혁신의 양면성인데, 전자 산업은 빠른 성장 속도만큼이나 빠르게 제품의 '진부화'가 진행되고 있다. 이에 따라 버려지는 전자 제품, 부품의 양도 급속하게 증가하는 추세다. 덩달아 큰 문제로 떠오른 전자 폐기물은 글로벌 전자 기업, 소비자 또는 이용자, 정부 등을 아우르는 포괄적인 주제라고 할 수 있다. 특히 전자 폐기물이 환경에 미치는 영향은 기업의 명성, 사회적 책임, 소비자 신뢰, 그리고 지속 가능한 발전에 직결되는 중요한 이슈다.

현재 선진국에서 수거되는 전자 폐기물 가운데 전체의 약 1%만이 안전하게 재활용되고, 나머지는 대부분 저개발국이나 개발도상국에 버려진다. 유엔 통계에 따르면, 세계적으로 연간 약 5,000만 톤 이상의 전자 폐기물이 발생하고 있으며 약 90%는 아프리카, 인도, 중국을 포함한 아시아 중남미 저개발국에 버려지고 있는 상황이다.[114]

버려진 전자 폐기물은 심각한 환경 문제를 낳고 있다. 수거된 대부분의 전자 폐기물은 저개발국으로 이송된 뒤 재활용이 가능한 전선 등의 부품들을 재수거하는 과정을 거친다. 이 과정에서 생화학적으로 분해되지 않는 재료와 중금속들이 그대로 그 지역의 땅, 강, 그리고 바다로 버려지고 녹아들어가는데, 이는 어찌 보면 플라스틱보다도 더 큰 문제를 불러올 수 있다. 저개발국 어린이와 여성들이 분해와 소각에 직접 참여하는 탓에, 각종 중금속에 노출돼 건강에 심각한 위험이 생기기도 한다. 게다가 아프리카로 보내지는 폐기물은 재수거 부분들을 빨리 추출하고자 소각하는 경우가 많은데, 그 과정에서 각종 유해 가스, 화학 물질, 수은, 구리 등이 토양과 대기에 방치돼 심각한 오염이 발생하고 사람과 동물들의 생태에 매우 부정적인 영향을 미치고 있다.

전자 폐기물을 줄이고 제대로 처리하려는 작은 노력들이 부족하나마 서서히 나타나고 있다. 미국의 벨몬트-테크세일즈닷컴Belmont-Techsales.com은 고품질의 리퍼비시드refurbished(소비자가 여러 이유로 반품한 제품을 다시 정비해 파는 방법) 컴퓨터와 컴퓨터 장비를 가정용이나 산업용으로 만들어 큰 인기를 끌고 있는 업체다. 이를 통한 재활용 전자제품은 가격도 저렴하지만 그보다 더 중요한 시사점이 있다. 소비자나 회사가 원하는 정확한 사양에 맞도록 주문해 생산하는, 고객 니즈에 적절하게 맞추는 시스템이 '매립지로 가는 전자 폐기물' 양을 줄일 수 있는 것이다.[115]

그러나 전자 폐기물에 대한 우리 노력은 아직까지 걸음마 단계에 불과하다. 사실 많은 기업들이 이 문제를 고려해 전자제품에 친환경적 소재를 사용하고, 역물류 등을 통해 재활용 가능성을 더 높이고자 고민하고 있다. 그러나 플라스틱과 마찬가지로 전자 폐기물을 가장 효과적으로 줄일 수 있는 방법은 '적게 쓰는 것'이다.

얼마 전, 신문 기사를 통해 삼성이 휴대폰을 시장에 내보내기 위해 내구성을 테스트하는 과정을 접했다. 삼성전자의 휴대폰이 시장에 나가려면 약 750가지 테스트를 거쳐야 하는데, 한 모델당 약 1,000개의 제품을 사용한다는 것이었다.[116] 특히 낙하 테스트, 연마석과의 마찰 테스트, 드럼세탁기 테스트 등 휴대폰이 충격과 습기에 얼마나 강한지 등을 검토하는 데 많은 시간과 노력을 들이고 있었다. 이렇게 잘 만들어진 휴대폰의 평균 수명은 약 6년에서 8년인데, 우리나라에서 신상 휴대폰의 수명은 겨우 6개월에서 8개월에 불과하다. 견고한 전화기를 제공하려는 삼성의 노력이 별 의미가 없다는 것이다.

환경 문제가 심각함을 생각할 때, 지금 전자 시장 구조는 안타까운 부분이 한두 가지가 아니다. 제품을 오래 사용하도록 하는 대신 일부 기능과 디자인을 업데이트해 내보내는 새 모델들과 보조금 정책 등은 소비자더러 되도록 빨리 기존 것을 버리고 새것을 구입하라고 부추긴다.

세계는 지금 전자 폐기물의 심각성, 특히 제3세계로 버려지는 문제에 점점 더 큰 관심을 보이고 이를 관리하려는 제도적 노력들을 기울이고 있다. 그러나 우리나라는 아직 이 부분에 대해 아무런 대책이 없는 상태다. 최근 국가 간 전자 폐기물의 이동을 제한하는 바젤협약Basel Convention이 논의되고 있는데 한국 등 전자 산업이 발달한 나라들은 이에 맞춰 준비하는 것이 별로 없다. 전자 산업의 중요도를 생각해서라도, 한국 기업의 명성과 평판을 유지하고 발전시키기 위해서라도, 전자 폐기물을 혁신적으로 줄이는 혁신 모델을 심각히 고민해주기를 당부한다.

디자인적 경영 전략의 방법론

1

불확실성을
두려워하지 말라

급진적 브랜드 혁신을 위해서는 지금껏 강조한 것처럼 '불확실성을 두려워하지 않는 자세'가 중요하다. 그러나 불확실성을 두려워하지 말라는 것이 시장에 불완전한 상품을 내놓아도 된다는 뜻은 아니다. 다만 초기 혁신 단계에서는 어느 정도의 불확실성을 용납하는 자세가 중요하다.

또한 불확실성을 두려워하지 말라는 것은 리스크 관리risk management를 할 필요가 없다는 뜻이 아니다. 다만 리스크를 관리할 때 주로 정량적 데이터를 통해 검증된 아이디어로 방향을 잡는 접근 방법은 조심해야 한다.

리스크란 것은 결국 사후적인 것이다. 혁신이 실패했기 때문에 위험한 것이다. 이는 거꾸로, 위험을 관리하는 가장 효과적인 방법은 성공 가능성이 높은 혁신을 진행하는 것이라고 볼 수 있다. 우리가 정량적 데이터에 의존하고 점진적 혁신에 더 치우치는 이유는, 여러 소비자들이 좋다고 하는 쪽이나 과거에 성공했던 아이디어와 진행 방식이 성공 확률이 높을 거라고 가정하기 때문이다. 곧 위험을 관리하기 위한 이런 접근들로 성공 가능성이 높은 혁신 프로젝트를 진행하려는 것이다. 그러나 가정을 배제하라고 하는 것, 곧 정량적 데이터에 의존하지 말고 혁신 아이디어를 소비자에게 묻지 말라고 하는 것 등은 절대 리스크를 고려하지 말고 혁신을 진행하라는 이야기가 아니다. 다만 의미 주도 혁신 전략에서는 그 리스크를 관리하는 방법이 다를 뿐이다.

아이팟은 애플에게 상당히 중요하고 영향력이 큰 신상품이었다. 2000년 들어 신 아이맥iIMac이 더 이상 소비자의 선택을 받지 못하는 상황에서 애플이 세계 시장에 자리를 잡도록 해준 상품이 바로 아이팟이다. 이와 관련된 유명한 말이 있다.

만약 모든 것이 반드시 검증돼야 한다면, 아이팟은 만들어지지 않았을 것이다.

혁신을 위해 확실하게 증명된 아이디어를 찾는 것은 불가능하다. 확실하게 실패할 것으로 증명되지 않는 한, 새로운 아이디어에 기회를 주는 용기가 필요하다. 다시 강조하건대 실패할 확률을 줄이는 방법은 정말로 의미 있는 아이디어를 찾아내는 것이다. 새로운 아이디어면 덮어놓고 무조건 일을 진행하라는 것이 아니라, 좋은 아이디어 하나를 발견하는 일이 새로운 차원의 리스크 관리로 이어질 수 있음을 받아들여야 한다는 것이다.

이제 생각의 범위를 넓히고 통찰력 있는 아이디어를 만들며 위험을 관리할 수 있는 방법에 대해 논의해보자. 이를 위해 파슨스의 전략디자인 경영학과에서 학생들과 기업인들에게 직접 가르치고 있는 비선형 혁신 과정Iterative Innovation Process을 전하고자 한다. 더불어 이런 전략으로 효과를 극대화하기 위해 조직 차원에서 고려해야 할 중요한 점들을 짚어보겠다.

2
혁신 전략 구축
프로세스를 반영하라

여기서 제시하는 혁신 전략 방법론은, 혁신을 진행하는 과정을 크게 두 가지 축으로 나눈 것이다. 한 축은 '고찰Reflect-행동Act'이고, 다른 한 축은 '조사Investigate-만듦Make'이다. 이 두 축을 중심으로 네 가지 공간이 그려지는데, 이것이 ①발견Discovery ②프레임 정립Framework ③가치 수립Principle ④해법Solution이다(그림 19).

먼저 조사와 행동, 곧 책상에 앉아서 탁상공론을 펼치는 것이 아니라 밖으로 나가 행동으로 세상을 탐구하는 첫 번째 공간의 주요 목적은 '발견'이다. 시장에 어떤 공간이 비어 있으며 무

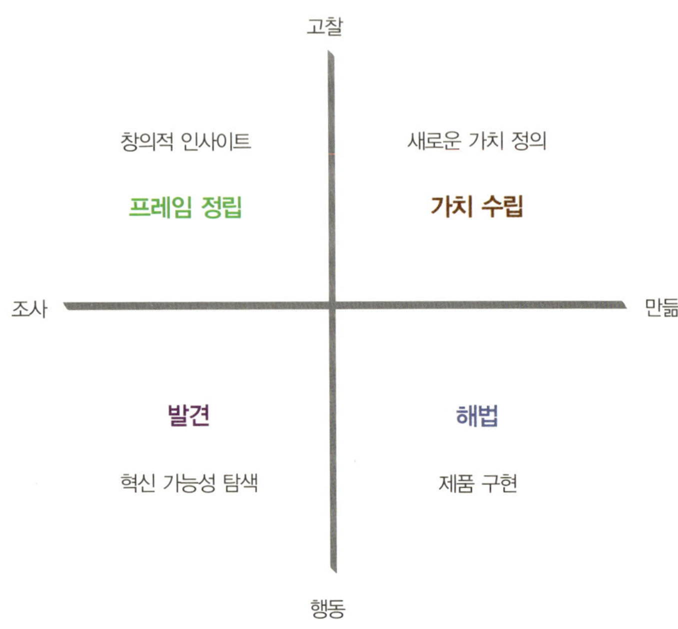

그림 19_디자인적 혁신 전략 방법론

엇이 의미 있는 방향인지 시장과 업계에 직접 나가 경험하고 관찰하며 흐름을 파악한다. 이를 통해 마켓에 존재하지 않거나 이제껏 충족되지 않은 소비자의 욕구와 요구를 탐구하며 미래의 주요 방향성을 결정할 만한 현상을 찾아내는 것이다. 이때 현상을 보고 느끼는 과정에서는 가정의 배제는 물론, 다각적 시각이 중요하다. 자신의 관점, 타인의 관점, 심지어 관찰당하는 사물의 관점에서도 생각해봐야 한다.

두 번째 공간은 조사와 고찰을 통해 '프레임 정립'을 진행하는 공간이다. 발견 공간에서 얻은 데이터와 아이디어를 분석하고 고찰해 이해와 해석의 프레임워크를 만들어 관점을 정립하는 것이다. 여기서 중요한 점은 발견에서 나온 정보와 밝혀진 상황을 새로운 시각으로 분석하고 다각적으로 고찰하며 창의적으로 연결해 프레임워크를 이뤄내야 한다는 것이다. 특히 친숙하고 익숙한 상황과 정황에 대해 새로운 통찰력을 발휘하려는 노력이 중요하다. 아무리 눈에 익은 것이라도 그냥 무심코 지나가는 대신 다른 시각으로 생각하면 발상의 전환을 이룰 수 있을 것이다.

세 번째 공간은 고찰과 만듦으로 '가치 수립'을 이루는 공간이다. 이는 프레임워크에서 나온 의미를 구현하려면 혁신에 어떤 가치와 의미를 부여해야 하는지 고민하는 원칙 단계다. 의미를 어떤 속성으로 구현해야 소비자가 원하는 가치를 줄 수 있는지 고찰이 필요하다. '소비자가 내 상품을 살까'가 아니라, 어떤 가치가 혁신의 맥락 안에서 '이용자의 행복을 구현할 수 있을까'를 고민해야 한다. 끊임없이 "왜?"라는 질문을 던지며 진정한 문제가 무엇인지 정의할 수 있어야 한다. 실제로 의미 있는 혁신이 제대로 이루어지지 못했던 사례들을 가만히 살펴보면, 진정으로 의미 있는 문제가 무엇인지 올바로 정의를 내리지 않았던 경우가 많다. 이 단계에서는 단지 제품이 아니라 사람에 관한 문제라는 자세를 가지고, 이용자의 꿈, 이용자의 도전, 이용자의 삶을 깊이 고려하며 진행해야 할 것이다.

네 번째 공간은 만듦 그리고 행동으로 정의되는 '해법' 공간이다. 프레임워크에서 제시한 의미와, 원칙에서 정의한 가치를 실제 제품으로 만들어내는 단계다. 어떤 모양이, 어떤 느낌이, 어떤 기능이, 어떤 가격대가 어떻게 시장과 소통하고 연결돼야 하는지 실현하는 단계다. 이 과정을 거치면서 혁신이 궁극적으로는 제품으로 이어져야 한다. 따라서 가치사슬을 같이 작성해나갈 필요가 있다. 이것이 정말 타당한지, 정말 실행할 수 있는지 등에 대한 가치사슬 분석 내용들이 함께 반영돼야 할 것이다.

3
해결 공간으로
바로 뛰지 말라

이 네 가지 공간에서 지금까지 우리가 주로 집중해왔던 것은 발견과 해법의 상호관계였다(그림 20). 특히 발견의 주된 방법으로 조사나 인터뷰를 통해 소비자에게 직접 묻는 경우가 많았다. 그리고 이렇게 나온 정보를 되도록 빨리 구현해내고자 모든 노력을 다 기울여왔다.

그러나 앞서 강조한 것처럼 소비자에게 직접 접근해서 얻어내는 답은 사실과 다를 위험이 있다. 또한 소비자들의 판단 기준이란, 이미 시장에 나와 있는 기능적 속성을 바탕으로 여러 브랜드를 비교하는 것이 대부분이다. 예를 들어 "브랜드 A는 컴

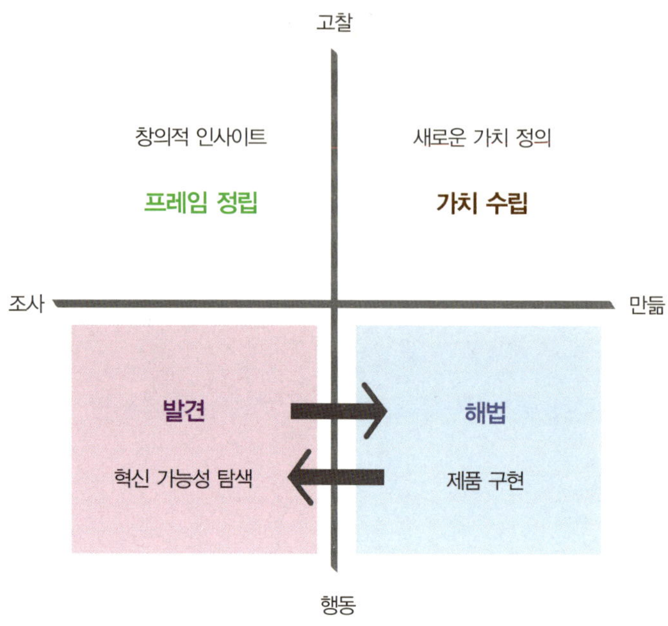

그림 20_기존 혁신 전략의 중점 방향

퓨터 몸체와 스크린이 하나인데 브랜드 B는 그렇지 않다"라든
가, "브랜드 A는 프린터의 속도가 느린데 브랜드 B는 그것보다
더 빠르다"라는 식이다. 곧 소비자는 자신들이 알고 있는 브랜
드들이 서로 어찌 다르고 같은가를 아는 만큼 대답한다. 이런
정보는 기업의 벤치마킹 성향만 더 강화할 뿐이며 차별화로 누
릴 수 있는 가격 우위의 가능성을 없애버린다.

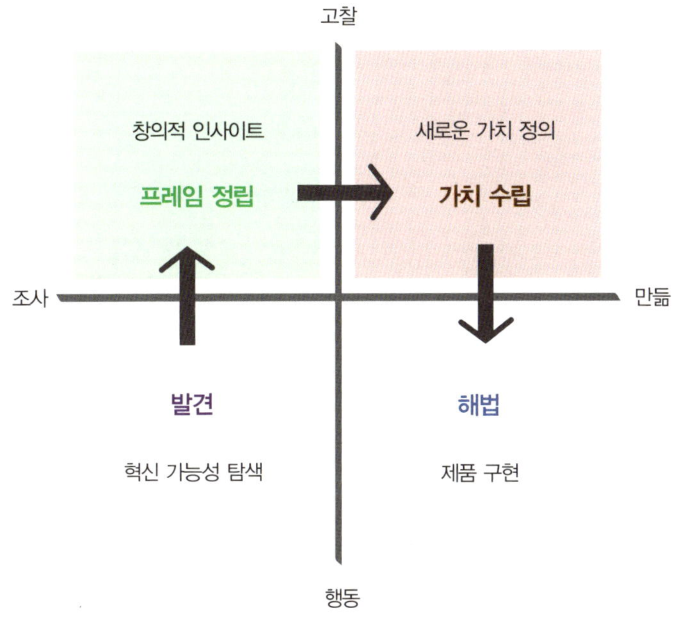

그림 21_창의적 인사이트와 새로운 가치를 정의하는 기회 부여

다른 브랜드보다 한시라도 빨리 지금 제품에 없는 것을 구현하는 것이 경쟁력이라고들 생각한다. 이러다 보면 발견에서 나온 신호를 특별히 분석하지 않고 바로 해결 단계로 넘기려는 경향이 굳어진다. 우리 기업들은 혁신의 방향과 해결책을 최대한 빨리 찾으려는 단타적 자세에서 벗어나야 한다. 발견의 공간에서 해법의 공간으로 조급하게 넘어가버리기 전에, 발견 단계에

서 창의적이고 다양한 인사이트로 다르게 해석할 수 있는 기회를 주어야 한다. 그리고 프레임워크를 구현하기 위해 어떤 가치가 부여돼야 하는지 원칙을 만든 다음에 해결의 공간으로 들어가야 한다. 곧 '발견 → 해법'으로 진행되는 평행적인 상호관계가 아니라 발견을 새 프레임 정립의 공간으로 밀어올리고, 새로운 가치 수립의 공간에서 고찰한 후 해법의 공간으로 내려야 한다(그림 21).

이러한 훈련에 어느 정도 합의점이 생기면 바로 견본이 될 수 있는 프로토타입prototype을 만들어보자. 이때 완벽한 프로토타입이 되도록 지나치게 애쓸 필요는 없다. 어느 정도 만들어지면, 아이디어가 얼마나 실행성이 있을지 큰 그림을 그려볼 수 있다. 이것을 보면서 다시 아이디어 발생 단계로 돌아간다. 이 프로토타입이 혁신 과제를 풀 가능성이 있을지, 없다면 어디서부터 다시 시작해야 할지 고찰하는 것이다. 이런 과정을 몇 차례 되풀이하다 보면 상당히 견고한 아이디어가 나올 수 있다.

OutRun

4
반복해서 돌리고 돌려라

여기서 가장 중요한 것은 이 과정이 한 번으로 끝나서는 안 된다는 점이다. 여러 번 반복하며 더욱 심층적으로 고찰해보려고 해야 한다. 반복적인 과정을 통해, 새롭게 제시하려는 혁신이 진정으로 시장에 존재하지 않는 새로운 해결 방안인지, 그렇지 않다면 어떤 해결책을 제시해야 하는지 등의 분석이 프레임워크에서 새로운 통찰로 이루어져야 한다. 그리고 해결이 효과적으로 진정성 있게 프레임워크의 의미를 구현하는지 다시 한번 고민하고 수정 보완해야 한다. 이 와중에 어떤 문제가 있다면 전혀 다른 방향의 해결 또한 제시할 수 있어야 한다(그림 22).

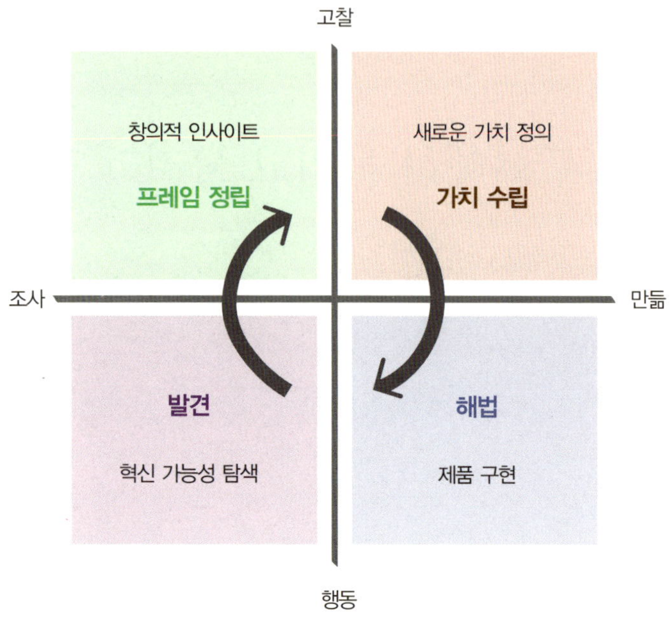

그림 22_비선행적 혁신의 반복 고리

그리고 이때 네 공간 각각의 단계에서도 순환의 과정이 중요하다(그림 23). 아이디어를 진행하는 단계에서 전 단계로 다시 돌아가서 생각해본 뒤 진행하고 다시 돌아가서 적합성을 확인하는 순환 과정이, 발견, 프레임 정립, 가치 수립, 해법 단계마다 각각 요구된다는 것이다.

혁신을 포함해 일반적으로 우리 기업의 경영 시스템은 '선형

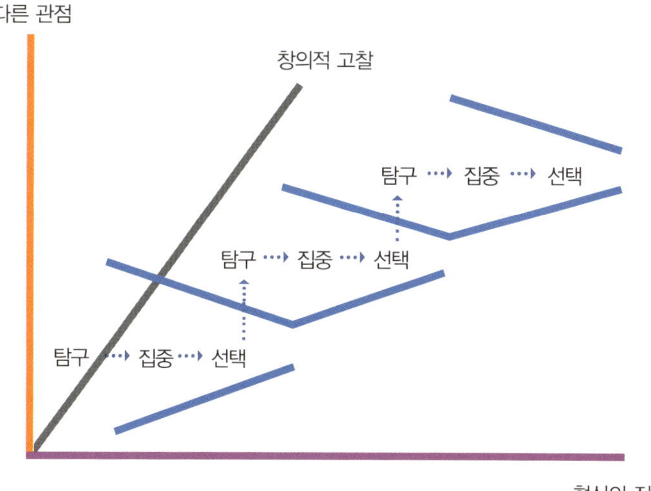

그림 23_각 단계마다 순환적 사고

성線形性, Linearity'인 경우가 많다. 정해진 순서에 따라, 단선적이고 순차적인 방식으로 통제와 관리가 이루어지는 것이다. 그러다 보니 한번 순서가 지나간 것은 다시 돌아올 기회가 없고, 그래서 단계마다 확실성에 큰 비중을 두곤 했다. 이런 구조보다는 일방적인 순서에 의존하지 않고 돌발적인 수많은 변수들에 따라 진행되는 '비선형성非線形性, Non-linearity' 구조가 더 바람직하다. 기회와 가능성에 중점을 두며 반복적으로 진행하는 방법이다. 실제로 이런 반복적인 프로세스를 거쳐 어렵게 도출한 혁신 아이디어는 상당히 견고하며 성공할 가능성이 높다. 이를 통해 리스크가 관리되는 것이다. 다시 강조하건대, 리스크를 고려하지 않고 혁신을 무모하게 진행하라는 이야기가 아니라, 이와 같은 과정을 거쳐 혁신의 가능성이 큰 아이디어를 고르라는 것이다.

창의성의 시작은
경계를 없애는 것

2013년 여름, 글로벌 경쟁력에 관한 미팅에 참석했을 때의 일이다. 점심식사를 하면서, 개발도상국이 자동차 시장에서 신흥 주자로 떠오르고 있는 것에 대해 가볍게 이야기를 나눴다. 이것이 기존 시장에 얼마나 큰 영향을 줄 것인지가 관심사였다.

신진 국가들의 브랜드가 아무리 노력을 해도 유럽의 브랜드, 특히 독일 엔지니어링과 브랜드 파워를 넘지 못할 것이다, 브랜드 헤리티지heritage뿐 아니라 오랜 시간에 걸쳐 쌓아놓은 엔지니어링의 노하우를 개발 국가들이 도저히 따라올 수 없을 것이다…. 주로 이런 진단으로 이야기가 흘러갔다. 나는 조심스럽게 이 대화에 끼어들었다.

기존 플랫폼이 지속된다면 그 예측이 맞겠죠. 하지만 지금 우리가 알고 있는 "자동차는 무엇이다"라는 의미를 신흥 브랜드가 완전히 바꾼다면 어떨까요? 그럼 독일 엔지니어링의 강점과 브랜드 역사는 크게 중요하지 않게 되겠죠. 소니가 주도하던 워크맨이 지금 사라지고 만 것처럼요.

미래 사회의 경쟁은 '브랜드가 어떤 혁신적 경험과 의미로 시장을 창조하고 이끌어나가느냐'에 달려 있다. 이런 상황에서는 현재의 브랜드 경쟁력이 미래 시장과 연관이 있을 수도 있지만, 그렇지 않을 경우가 더 많다. 더불어 이런 급진적 혁신이 반드시 '꿈에 그리던 기술'로만 이루어지는 것은 아님을 다시 한 번 명심해야 한다. 우리가 지금껏 살펴본 많은 사례들을 하나하나 곱씹어본다면 그림이 더 명확해질 것이다. 나이키플러스나 팹닷컴의 성공에 특별한 기술력이 작용했는가? 거기에 특별히 새로운 기술은 사실상 아무것도 덧붙여지지 않았다. 혼자 뛰면서도 혼자 뛰는 것이 아닌 '경험', 무엇을 사야 할지 세련된 감각으로 제안을 받는 '경험'이 더해졌을 뿐이다. 이처럼 현실적으로 같은 조건은 물론, 오히려 더 불리한 조건에서 혁신을 이룬 경우들도 있었다. 기존보다 질이 떨어지는 다이아몬드를 가지고 새로운 의미의 더 잘 팔리는 상품을 만들어낸 드비어스, 브랜드 상징이었던 버버리체크가 더 이상 상류층의 이미지를 나타낼 수 없게 된 상황에서 그것을 실제로 '뒤집어버린' 버버리 등이 그렇다.

　그런가 하면 기존 시장에서 상식으로 받아들여지던 조건을 스스로 과감히 포기한 경우들도 적지 않다. 자라가 인건비를 줄이기 위한 글로벌 소싱을 포기하고 국내 생산 모델을 세웠을 때, 구글이 풍부한 정보로 가득한 첫 화면을 포기하고 검색창 하나만을 띄워 보였을 때, 그 '포기'가 큰 발전으로 이어지리라고는 누구도 쉽게 상상하지 못했을 것이다.

　이 책에서 특히 강조했던 '공감' 혁신의 사례들도 꼼꼼히 되새겨볼 필요가 있다. 영리사업과 공감 또는 배려라는 가치는 언뜻 어울리지 않는 듯 보이지만, 실제로는 대단한 시너지 효과를 낸다. 장애를 바라보는 타인의 시선이 아니라 장애를 겪는 당사자의 활동성을 중요시한 치타, 소규모 상인들도 좀 더 나은 조건으로 물건을 팔 수 있도록 한 스퀘어, 보기에 편안한 의자가 아니라 실제로 몸에 편안한 의자를 만든 허만밀러. 이들의 공통점은 자신들의 입장이 아니라 '이용자'의 처지에서 거꾸로 고민했다는 것이다.

　또한 버려지는 플라스틱 병을 줄이기 위해 휴대용 정수 물통을 만든 버블, 장사의 기본을 뒤집어 오히려 덜 사고 다시 쓰는 문화를 강조하는 파타고니아 등의 사례는, 환경과 자원을 걱정하고 대책을 마련하려는 것이 자선 사업이 아니라 '지속 가능한' 성공을 위해 필수적인 노력임을 보여준다.

이처럼 의미 있는 혁신이 되기 위해서는 혁신에 대한 생각, 관점, 전략적 접근 방법을 완전히 전환할 필요가 있다. 이는 창의성과 직결되는 문제다. 한 사람의 교육자로서, 그리고 부모로서 덧붙이고 싶은 것은 여기서 논의한 내용들이 우리의 차세대 교육과도 깊은 관련이 있다는 사실이다. 실제 기업 강의를 하다 보면 "어떻게 하면 자녀들에게 미래 사회의 경쟁력을 길러줄 수 있을까요?" 하는 질문을 자주 받는다. 이러이러한 것을 하고 싶어 하는데 어떻게 해야 하느냐, 이것이 전망이 좋은 분야냐, 이 분야에서 성공하려면 어떻게 해야 하느냐 등등이 주요한 내용이다. 나는 이렇게 대답하곤 한다.

자녀가 뭔가가 너무 좋아서, 그게 하고 싶어서 잠도 못 자는, 그런 것이 있나요? 이런 열정이야말로 끊임없이 갈구하고, 새로운 것을 시도하고, 실패하며 또 배우고, 도전하게 만듭니다. 열정이 있다면 시간을 투자하고 힘든 문제를 해결해나가는 것은 일이 아니라 행복이 됩니다. 이것이 모이면 창의성이 되고요. 그것이 무엇이든 상관없습니다. 창의력의 시작은 '이것은 되고 저것은 안 된다' 는 경계를 없애는 것입니다. 현재에, 기존 사회가 정한 잣대에 묶이지 마세요. 우리가 알고 있는 과거의 경험만으로 자녀의 미래를 묶지 마시길 바랍니다. 그것이 열정을 일으키고 창의성을 깨우는 첫걸음입니다.

혁신을 가능하게 하는 창의성. 이것이 절대 타고나거나 멈춰 있는 것이 아님을 다시 한 번 강조하며 끝을 맺고자 한다. 어쩌다 혁신적인 아이디어를 발견하고 바로 실행해서 그것이 혁신이 되는 경우는 없다. 혁신 전략 구축 프로세스에서 설명했듯, 발견과 새 프레임 정립과 가치 수립과 해법의 단계를 거칠 때, 그것도 여러 번 검증하며 되풀이할 때만이 진정한 혁신을 이룰 수 있다. 아무쪼록 이 책에서 제시한 내용들이, 혁신을 위해 오늘도 밤늦게까지 고민하는 많은 사람들에게 작은 도움이 되기를 바란다.

대학원을 갓 졸업하고 아직은 세상 물정을 잘 모르던 때, 공부를 더 하기 위해 미국으로 떠난 게 1993년이었다. 그리고 2013년 한국에서 안식년을 보내기로 계획하고 돌아오니 꼭 20년 만이다. '외국에 오래 있을수록 애국자가 된다'는 말이 있는데, 한국에 나와 생활을 해보니 이 말이 그냥 농담만은 아닌 듯하다. 오랜 세월이 지났건만 나를 잊지 않고 마치 어제 본 듯 반겨주는 친구들과 멀리서나마 자주 교류했던 분들, 그리고 새로이 만난 분들이 배려해주고 도와준 덕분에, 또 다른 배움과 경험의 기회를 가질 수 있었다. 그 모든 분들의 격려가 아니었다면 이 책을 쓸 용기를 내지 못했을 것이다. 이 책이 나오기까지 도움을 주신 많은 분들께 감사드린다.

주

1   American Marketing Association Dictionary, The Oxford American Dictionary.

2   Thomas J. Peters and Robert H. Waterman, J., In Search of Excellence: Lessions from America's Best-Run Companies, New York: Warner Books, 1982.

3   Thomas J. Peters and Robert H. Waterman, J., In Search of Excellence: Lessions from America' s Best-Run Companies, pp.292~305.

4   Andrew Taylor, Kim Wagner, Hadi Zablit, 2013, The Most Innovative Companies 2012, The Boston Consulting Group.

5   GE Global Innovation Barometer: Glogal Research Findings & Inistight, 2013.

6   Karen E. Klein, Smart Answers, "Avoiding the Inventor' s Lament," Business Week, 2005.11.10.

7   Eonomics and Statistical Division, December 2012, World Intellectual Property Indicators, http://www.wipo.int/pressroom/en/articles/2012/article_0025.html.

8   Want China Times, Jan 19 2012, Chinese Suppliers Receive only 2% of Apple' s Profits, http://www.wantchinatimes.com/news-sub-class-cnt.aspx?id=20120119000002&cid=1102.

9   http://www.forbes.com/innovative-companies/list.

10 http://www.fastcompany.com/most-innovative-companies/2013/samsung.

11 Modu to close its doors and its employees fight for pay, Jan 12, 2011, Ubergizmo, http://www.ubergizmo.com/2011/01/modu-to-close-its-doors-and-its-employees-fight-for-pay.

12 Study links marijuana buzz to runner's high, Jan 11, 2004, http://www.cnn.com/2004/HEALTH/01/11/marijuana.exercise.reut.

13 Nike, Inc., 2012, The New Nike+ running experience: Samrter, more social, more motivational, http://nikeinc.com/news/nike-plus-experience.

14 Most innovative companies, 2013, Fast Company, http://www.fastcompany.com/section/most-innovative-companies-2013.

15 Louise Store & Miguel Helft, April 14 2007, Google Buys DoubleClick for #3.1 Billion, The New York Times, http://www.nytimes.com/2007/04/14/technology/14DoubleClick.html.

16 Statista, 2013, Number of Fab's total registered user accounts from December 2011 to June 2013, http://www.statista.com/statistics/251730/number-of-registered-accounts-on-fabcom.

17 Seth Fiegerman, dec 31, 2012, Products Every Minute, http://mashable.com/2012/12/31/fab-stats.

18 Stephanie Crawford, Feb, 2011, How Microsoft Kinect Works, http://electronics.howstuffworks.com/microsoft-kinect.htm.

19 Claire Atkinson, Oct 2010, Microsoft's Move, New York Post: Tech giant spends big to launch Wii rival Kinect, http://www.nypost.com/p/news/business/microsoft_move_3gVmAyryJuD6px1dV7LeDP.

20 Vlad Savov, Dec 9, 2010, Kinect finally fulfills its minority report destiny, http://www.engadget.com/2010/12/09/kinect-finally-fulfills-its-minority-report-destiny-video.

21   Cele Otnes, Elizabeth Kafkin Pleck, 2003, Cinderella Dreams: The Allure of the Lavish Wedding, University of California Press, pp. 65~66.

22   Paul Zimnisky, Jan 22, 2013, The State of 2013 Global Rough Diamond Supply, http://www.resourceinvestor.com/2013/01/22/the-state-of-2013-global-rough-diamond-supply.

23   Diniel Kempton, 1995, Russia and De Beers: Diamond Conflict or Cartel? South African Journal of International Affairs, 3 (2): 94.

24   Carmine Gallo, The Innovation Secrets of Steve Jobs, New York: McGraw-Hill, pp.175~198.

25   America's Most Profitable Store, 2012, 24/7Wall.com, http://247wallst.com/special-report/2012/11/14/americas-most-profitable-stores/3.

26   Willioam Bostwick, March 24, 2010, Apple Store is More Popular Landmark than Statue of Liberty: Cornell Report, http://www.fastcompany.com/1596248/apple-store-cube-more-popular-landmark-statue-liberty-cornell-report.

27   Mail Online, June 1, 2011, It really is the Big Apple: Most Photographed Place in New York is the Apple Store, http://www.dailymail.co.uk/news/article-1392990/Apple-store-New-York-photographed-tourist-attraction.html.

28   http://www.brainyquote.com/quotes/authors/o/orville_wright.html.

29   Oswald, Margit E.; Grosjean, Stefan (2004), "Confirmation Bias", in Pohl, Rüdiger F., Cognitive Illusions: A Handbook on Fallacies and Biases in Thinking, Judgement and Memory, Hove, UK: Psychology Press, pp.79~96 Plous, Scott (1993), The Psychology of Judgment and Decision Making, McGraw-Hill.

30   Leon Festinger, 1957, A Theory of Cognitive Dissonance. Stanford, CA: Stanford University Press.

31 Dyson sales and profits boosted by US and Japan, BBC Business News, http://www.bbc.co.uk/news/business-19515485; Julia Finch, 2010, Dyson's Profits rise to 190m£, the guardian, http://www.theguardian.com/business/2010/may/26/dyson-profits-rise.

32 Stephen Dowling, March 14, 2013, Frustration and failure fuel Dyson's success, BBC Future, http://www.bbc.com/future/story/20130312-failure-is-the-best-medicine.

33 James Dyson, 1997, Against the Odds (1st ed), London, UK: Orion Publishing.

34 Clare Dyer, October 3, 2002, Hoover Taken to Cleaners in 4 million pounds Dyson Case, The Guardian, http://www.theguardian.com/uk/2002/oct/04/claredyer.

35 Jasper Rees, Jan 20, 2012, The end of our Kodak Moment, London: The Telegraph.

36 Dawn Mccarty and Beth Jinks, Jan 25, 2012, Kodak Files for Bankruptcy as Digital Era Spells End to Film, Bloomberg Business Week, http://www.businessweek.com/news/2012-01-25/kodak-files-for-bankruptcy-as-digital-era-spells-end-to-film.html.

37 Nick Bilton, Aug 26, 2010, Bits Pics: Kodak's 1975 Model digital camera, New York Times, http://bits.blogs.nytimes.com/2010/08/26/bits-pics-kodaks-1975-model-digital-camera.

38 Kodak's last day, Feb 5, 2012, New Stratis Times, http://www.nst.com.my/opinion/editorial/kodak-s-last-days-1.42251.

39 Steve Lohr, December 29, 2012, Sure, Big Data is Great. But So is Intuition, The New York Times, http://www.nytimes.com/2012/12/30/technology/big-data-is-great-but-dont-forget-intuition.html?_r=0.

40 David Yoffie, Jan 27, 2004, Cola Wars Continue: Coke and Pepsi in the Twenty-First Century.

41   Constance Hays, 2004, The Real Thing, Truth and Power at the Coca-Cola Company, Random House, p.114.

42   Rober Domenghetti, March 26, 2012, The Coke Wars: Why Pepsi Challenge Nearly Killed Coke, Sabotage Times, http://sabotage-times.com/life/the-coke-wars-when-the-pepsi-challenge-nearly-killed-coca-cola.

43   Matthew Yglesias, Aug 9, 2013, Sweet Sorrow, Slate.com, http://www.slate.com/articles/business/rivalries/2013/08/pepsi_paradox_why_people_prefer_coke_even_though_pepsi_wins_in_taste_tests.html.

44   Samuel M. McClure, Jian Li, Damon Tomlin, Kim S. Cypert, Latane M. Montague, and P. Read Montague (2004). "Neural Correlates of Behavioral Preference for Culturally Familiar Drinks" (abstract). Neuron 44 (2): pp.379~387.

45   Angus MacKenzie, Jan, 2013, 2013 Motor Trend Car of the Year: tesla Model S, Motor Trend, http://www.motortrend.com/ oftheyear/car/1301_2013_motor_trend_car_of_the_year_tesla_model_s/viewall.html.

46   Timeline: History of the electric car, Oct, 20, 2009, PBS, http://www.pbs.org/now/shows/223/electric-car-timeline.html.

47   Sperling, Daniel; Gordon, Deborah (2009). Two billion cars: driving toward sustainability. Oxford University Press. pp.22~26.

48   Kidder, David; Hoffman, Reid (2013). The Startup Playbook: Secrets of the Fastest Growing Start-Ups from the founding Entrepreneurs. San Francisco, CA: Chronicle Books. pp.224~228.

49   http://www.teslamotors.com/models/features#/performance.

50   http://www.marketwatch.com/investing/stock/tsla.

51   http://graphicsweb.wsj.com/documents/image_grid/?slug=WSJ-MAG112012#filter=.Technology.

52   E.B. Boyd, May 23, 2011, How Jack Dorsey's square is accidentlly

disrupting the entire payments industry, http://www.fastcompany.com/1754859/how-jack-dorseys-square-accidentally-disrupting-entire-payments-industry.

53 http://www.fastcompany.com/most-innovative-companies/2012/square.

54 The World's Billionaires, 2013, Forbes, http://www.forbes.com/billionaires/list.

55 Steve Jobs's Best Quotes, August 24, 2011, The Wall street Journal, http://blogs.wsj.com/digits/2011/08/24/steve-jobss-best-quotes.

56 Charles K. Atkin, 1978, Observation of Parent-child Interaction in Supermarket Decision-Making, Journal of Marketing, pp.41~45.

57 http://quoteinvestigator.com/2011/07/28/ford-faster-horse.

58 Leslie Pina, 1998, Classic Herman Miller. Atglen, Pennsylvania: Schiffer Publishing.

59 Cliff Kuang, Nov 5, 2012, The Secret History of the Aeron Chair, Slate.com, http://www.slate.com/articles/life/design/2012/11/aeron_chair_history_herman_miller_s_office_staple_was_originally_designed.html.

60 Malcolm Gladwell, 2007, Blink: The Power of Thinking Withouth Thinking, New York: Little Brown and Company, p.170.

61 Cliff Kuang, Nov. 5, 2012, The Secret History of the Aeron Chair, Slate, http://www.slate.com/articles/life/design/2012/11/ aeron_chair_history_herman_miller_s_office_staple_was_originally_designed.html.

62 http://smartdesignworldwide.com/work/oxo-good-grips.

63 Guy Brown, August 2007, Rehab to Recovery, Athletic Business, http://www.athleticbusiness.com/articles/article.aspx?articleid=3250&zoneid=7.

64 http://www.oxo.com/aboutOXO.aspx.

65 Carol Pogash, July 2 2008, A Personal Call to a Prosthetic Invention, New York Times, http://www.nytimes.com/2008/07/02/sports/olympics/02cheetah.html.

66 Carol Pogash, July 2 2008, A Personal Call to a Prosthetic Invention, New York Times, http://www.nytimes.com/2008/07/02/sports/olympics/02cheetah.html.

67 Alicja Spaulding, Stephanie Fernandez, and Jennifer Sawayda, 2011, "TOMS: One for One Movement". Daniels Fund Ethics Initiative at the University of New Mexico.

68 Ty Montague, Aug 5, 2013, The rise of storydoing: Inside the staggering success of Toms Shoes, Fast Company, http://www.fastcompany.com/3015209/leadership-now/the-rise-of-storydoing-inside-the-staggering-success-of-toms-shoes.

69 Thompson, Scott (2011). "Google's business leadership and or ganizational culture", Houston Chronicle, http://smallbusiness.chron.com/googles-business-leadership-organizational-culture-58108.html.

70 John Kotter, aug 21, 2013, Google's Best New Innovation: Rules Around 20% Time, Forbes, http://www.forbes.com/sites/johnkotter/2013/08/21/googles-best-new-innovation-rules-around-20-time.

71 Christopher Mims, aug 16, 2013, Google Effetively Kills 20 percent time, The perk that gave us gmail, quartz, http://www.huffingtonpost.com/2013/08/16/google-20-percent-time_n_3768586.html.

72 http://solutions.3m.com/innovation/en_US/stories/time-to-think.

73 http://solutions.3m.com/wps/portal/3M/en_WW/History/3M/Company/McKnight-principles.

74 Solomon Asch, 1951, Effects of group pressure on the modification and distortion of judgment, In H. Guetzkow (Ed.), Groups, leadership and men, pp.177~190.

75   Arthur Jenness, 1932, The role of discussion in changing opinion regarding matter of fact. Journal of abnormal and social psychology, 27, pp.279~296.

76   Jonah Lehrer: The Crative Insight of the Outsider, Big Smarter Think Faster, Jan 12, 2012, http://bigthink.com/videos/jonah-lehrer-the-creative-insight-of-the-outsider.

77   Paul McNamara, June 26, 2012, A Look Back: Steve Ballmer Laughs at the iPhone, Network World, http://www.networkworld.com/community/blog/look-back-steve-ballmer-laughs-iphone.

78   Peter Cohan, Aug 16, 2013, How Steve Jobs Got ATT to share revenue, Forbes, http://www.forbes.com/sites/petercohan/2013/08/16/how-steve-jobs-got-att-to-share-revenue.

79   Chris Foresman, May 28, 2009, More evidence that iPhone critical to ATT Subscriber growth, Ars Technica, http://arstechnica.com/apple/2009/05/more-evidence-that-iphone-critical-to-att-subscriber-growth/; Jeffry Bartash, Sept 1, 2009, ATT's iPhone deal draws critical look. Market Watch, http://www.marketwatch.com/story/atts-iphone-deal-under-scrutiny-2009-09-01.

80   Rolf Rober, Piotr Winkielman, and Nobert Schwarz, 1998, Effects of perceptual fluency on affective judgements, Psychological Science, pp.9~45; Piotr Winkielman, Norbert Schwarz, Rolf Reber, 2003, Cognitive and affective consequences of visual fluency: When seeing is easy on the mind, Scott, Linda M. & Barta, Rajeeve (Ed), Persuasive imagery: A consumer response perspective. Advertising and consumer psychology (pp.75~89), Mahwah, NJ: Lawrence Erlbaum Associates Publishers.

81   George Humphrey, 1924, The psychology of the gestalt. Journal of

Educational Psychology, 15(7), pp.401~412.

82   Wolfe, Jeremy M., Kluender, Keith R., Levi, Dennis M., Bartoshuk, Linda M., Herz, Rachel S., Klatzky, Roberta L., and Lederman, Susan J. (2008). "Gestalt Grouping Principles". Sensation and Perception (2nd ed.). Sinauer Associates.

83   Kevin Lane Keller and Richard Staelin, 1987, Effects of Quality and Quantity of Information on Decision Effectiveness, Journal of Consumer Research, 14 (2), pp.200~213; Byung-Kwan Lee, and Wei-Na Lee, 2004, The effect of information overload on consumer choice quality in an on-line environment, Psychology & Marketing, 21 (3), pp.159~183.

84   Consumer Electronics Shopping Issues, 2002, August 1, http://www.marketresearch.com/Consumer-Electronics-Association-v2340/Consumer-Electronics-Shopping-Issues-II-844854.

85   Ben R. Rich, 1995, Clarence Leonard (Kelly) Johnson 1910-1990, National Academies Press, Washington, DC, p.13.

86   James Sherwood, June 3rd, 2008, Most 'malfunctioning' gadgets work just fine, report claims: Lazy consumers blamed for most product returns, http://www.theregister.co.uk/2008/06/03/accenture_gadget_study.

87   GregoryM.Lamb, May15, 2006, A fast rate of return, http://www.csmonitor.com/2006/0515/p13s02-stct.html.

88   http://www.kipo.go.kr/kpo/user.tdf?a=user.html.HtmlApp&c=10001&catmenu=m04_01_01.

89   Design Patents Report, US Patent and Trademark Office, March, 2011.

90   Haydn Shaughnessy, Aug 22, 2013, The Surprise Leader in Design Patents, Forbes, http://www.forbes.com/sites/haydnshaughnessy/

2013/08/22/the-surprise-leader-in-design-patents.

91   U.S. Court of Appeals Ruling, Egyptian Goddess, Inc. v. Swisa Inc. (Egyptian Goddess III), 543 F.3d 665 (Fed. Cir. 2008).

92   Kitch, Edmund W. (1966), Graham v. John Deere Co.: New Standards for Patents, The Supreme Court Review, pp.293~346.

93   McDermott, Eileen (2008), Federal Circuit Sets New Test for Design, No. 183, Management Intellectual Property, p.6.

94   Barkume, Anthony R. (2012), "Proprietary Protection of Computer User Interfaces," St. John's Law Review, 64 (3), pp.559~585.

95   Rosenblatt, Joel (2012), "Apple Witness Cites Confusion with Samsung Products," Bloomberg News, August 11, 2012.

96   Plastic Statistics: Plastic ain't so fantastic, http://oceancrusaders.org/plastic-crusades/plastic-statistics.

97   Facts about the plastic bag pandemic, http://www.reuseit.com/facts-and-myths/facts-about-the-plastic-bag-pandemic.htm.

98   Ray Latif, April 25, 2013, U.S. Bottled Water Sales Totaled $11.8 billion in 2012, Bevnet.com, http://www.bevnet.com/news/2013/u-s-bottled-water-sales-totaled-11-8-billion-in-2012.

99   Suzanna Didier, 2013, Water Bottle Pollution Facts, Demand Media, http://homeguides.sfgate.com/water-bottle-pollution-79179.html.

100   Naturla Resources Defense Council, July 15, 2013, Bottled water: Pure Dirng or Pure Hype? http://www.nrdc.org/water/drinking/bw/chap3.asp.

101   Janet Raloff, March 12, 2009, Bottled water may contain hormones': Plastics, Science News, http://www.sciencenews.org/ view/generic/id/41628/description/Bottled_water_may_contain_hormones_Pl astics.

102 Scott Carlson, Sept 26, 2010, Thinking Outside the Bottle, The Chronicle of Higher Education, http://chronicle.com/article/Thinking-Outside-the-Bottle/124601.

103 Feb 26 2013, Hundai Motor Collaborates with Top Designer karim Rashid, Automotive World, http://www.automotiveworld.com/news-releases/hyundai-motor-collaborates-with-top-designer-karim-rashid.

104 http://thinkofthat.net/companies/water-bobble.

105 http://www.patagonia.com/us/common-threads?assetid=1956&src=vty_ex0058.

106 http://campaigns.ebay.com/patagonia.

107 Sustainable Business, A Spotlight on Patagonia, http://makewealth-history.org/2013/02/06/sustainable-business-a-spotlight-on-patagonia.

108 http://www.fastcompany.com/most-innovative-companies/2012/patagonia.

109 History of Net Jets, Net Jets, http://www.netjets.com/about_net-jets/history.asp.

110 Hilary Osborne, Oct 5, 2006, Norwich Union offers pay as you drive insurance, The Guardian, http://www.theguardian.com/money/2006/oct/05/business.motorinsurance.

111 Brent Hunsberger, March 2 2013, Pay as you drive car insurance: Trade your privacy for a price break, The Oregonian, http://www.oregonlive.com/finance/index.ssf/2013/03/pay-as-you-go_car_insurance_tr.html.

112 Zipcar Reports Net Income for 2012, feb 20, 2013, Auto Rental News, http://www.autorentalnews.com/news/story/2013/02/zip-car-reports-net-income-for-2012.aspx.

113 Robinson, 2009; Spalvins, Dubey, and Townsend, 2008.

114 Suthipong Sthiannopkao & Hung Wong, 2012, Handling e-waste in developed and developing countries: initives, practices, and consequences. Science of the Total Environment, pp.1~7, in press.

115 Elk Grove, Dec 05, 2012, Belmont Technology Creates Business Model Committed to Reducing Electronic Waste While Providing Jobs in the USA, PRWeb, http://www.prweb.com/releases/2012/12/prweb10204182.htm.

116 2013. 8. 13. Chosun Biz, http://biz.chosun.com/site/data/html_dir/2013/06/12/ 2013061203672.html.

경험과 상식을 뒤집어라
아웃런

지은이 | 에린 조
펴낸이 | 김경태
펴낸곳 | 한국경제신문 한경BP

제1판 1쇄 인쇄 | 2013년 11월 10일
제1판 1쇄 발행 | 2013년 11월 20일

주소 | 서울특별시 중구 중림동 441
기획출판팀 | 02-3604-553~6
영업마케팅팀 | 02-3604-595, 583 FAX | 02-3604-599
홈페이지 | http://bp.hankyung.com
전자우편 | bp@hankyung.com
T | @hankbp   F | www.facebook.com/hankyungbp
등록 | 제 2-315(1967. 5. 15)

ISBN 978-89-475-2935-8   13320

값 14,000원

파본이나 잘못된 책은 구입처에서 바꿔드립니다.